JN033091

図説

英国の住宅

住まいに見るイギリス人のライフスタイル

山田佳世子
Cha Tea 紅茶教室

河出書房新社

図説

英国の住宅

住まいに見るイギリス人のライフスタイル

目次

イラストレーション　山田佳世子

はじめに

英国・ヒースロー空港に降り立ち、ロンドン市内へ向かう電車の車窓から見える美しい赤煉瓦《あかれんが》の街並み。日が暮れると街中がオレンジ色の優しい灯りに包まれます。格子《こうし》窓《まど》から見えるシャンデリアの灯火。あの家で暮らしたら、どのような美意識が身につくのだろう。英国の家は美しい。そう感じている方は多いのではないでしょうか。

英国人は家と付き合うのが、とても上手です。彼らは家を「物」として扱わず、家に「命が宿っている」と信じています。もちろん命には寿命があります。生きていく以上、家も老朽化《ろうきゅうか》をしていくのは当たり前のこと。だからこそ、必要な時にメンテナンスをきちんと施していきます。劣化したら、取り壊し、更地《さらち》にして建て直すのではなく、老朽化した家とも上手に付き合い、老いた家なりのよさを見つけ、きちんと愛を注いでいきます。

英国人は家を「物」ではなく、「文化」としてとらえているのです。「文化」とは個人が所有するものではありません。文化とは継承していくものです。自分が住む家は、一定の期間は自分のものですが、先住人がいることは当たり前で、自分たちの後も誰かが住む

ものだと思っています。しかしそれは、多くの日本人がこだわるように、自分の子どもたちへの継承という意味ではありません。次に住むのは、この家を愛してくれる人ならば、誰でもいいのです。

家は壊さず引き継いでいくもの。住民は、家を現代の生活に合うように随時改修していきます。快適な住まいは高く売れます。資産価値の上がった家は、次にこの家に入る住民を喜ばせ、それまでの住民はよりよい新しい住処《すみか》を得ることができます。その循環が、英国の家の基本となっているのです。

「家と土地」を一体化で考える英国人は、家はその土地から「生《は》えている」と表現します。彼らは、土地に執着しないため、手狭《てぜま》になった家、手に余るような部屋数の家を随時手放し、身の丈に合った家を求めて、次の土地へ移っていきます。「土地」にこだわり、同じ土地に永住して、建物だけを建て直していく日本人とは、家に対する思想が大きく異なるのです。

英国の家に心惹かれ、英国の一般住宅を訪問する旅を続けている建築士で旅人の山田佳世子と、英国建材で建築された輸入住宅で、英国紅茶文化の普及活動をしているCha Tea 紅茶教室。英国の家を愛する私たちが英国住宅の魅力を、その基礎知識とともに紹介したいと思います。「Home is where the heart is（家は心の宿る場所）」、英国的なこの表現の意味が、本書を通して皆さまに伝わることを願います。

第1章

英国人と家

英国人の住宅の選択

英国には、築一〇〇年を超す家が今も当たり前のように建ち並び、人びとはお伽話《とぎばなし》の中に出てくるような美しい家で、日々の暮らしを送っています。そこで営まれている生活はどのようなものなのでしょうか。

テレビや本、雑誌で紹介される英国人の住居や暮らしを見て、漠然と日本とは違う……と感じている方も多いのではないかと思います。英国ではどうして古い家が残り、家そのものを受け継いでいく連鎖《れんさ》が可能なのでしょうか。この章では、英国人のライフスタイルと家の選択について紹介します。

日本での住宅購入

日本人が生涯において購入する家は平均一～二軒といわれています。日本人の「家」の選択とはどのようなものでしょうか。日本では一般的に社会人になることをきっかけに、寮や賃貸マンション暮らしを選択する人が増えます。もちろん実家から会社に通える場合は、親元で暮らすことを選択する人もいます。そして多くの人が結婚をして落ち着いてきた頃に「家の購入」を考えます。そこでの選択肢は、大きく分けると「マンション」か「戸建《こだて》住宅」かです。それぞれの状況に応じてですが、「新築」が一番の希望で、一世一代の買い物と覚悟し、三五年ローンを組んででもマイホームを購入します。

しかし購入した翌年から家の評価額は、下がっていきます。三〇〇〇万円で建てた家も二〇年もすると建物部分の評価額はかなり下がってしまいます。土地と家の価値は分けて考えられており、土地は評価額の上がる可能性もありますが、建物に関しては、期待できないのが現状です。

そのため、次に家を買おうにも、それ以上の家を手に入れるには、かなりの貯金が必要となります。大きな不便を感じない限り、同じ家に住み続けることは普通のことで、次の家のために貯金をするよりも、老後の資金を貯めることのほうが重要とされ、今住んでいる家を、随時改装して、住みやすくしながら一生家と

英国では一軒家のことをデタッチドハウスと呼んでいます。部屋数が多いため、ファミリー向きの物件です。

付き合うのが一般的です。つまり家を買うのは一生に一度。そしてその家を、子どもが引き継ぐことも困難になってきています。

近年中古物件を、デザイナーズ物件として、企業がリノベーションし、再販売するケースが若い層に人気となっています。しかし、購入した人が改装をしなくてはいけない場合、どうせお金をかけるならば新しい家にしたいという人も多く、一度取り壊され、そこに新築の家が建てられるのが現状です。改装され続けながら、次の世代に引き継いでもらえる家は多くはありません。

英国での住宅購入

では、古い家が多く残る英国の場合、どのような仕組みで、循環しているのでしょうか。英国人は生涯家を平均五〜六軒購入するといわれています。なぜ、そんなことが可能なのでしょうか。

英国だけでなく、日本以外の多くの国では、「土地」と「家」を分けて評価することはありません。土地と建物は一体化しているものと考えているのです。そのため、英国人は日本で、土地と家を分けて価格設定されていると知るととても驚きます。英国では、貴族や大地主でない限り、家は自分の子どもたちに引き継ぐものではなく、次の住まい手に引き継がれていくものと考えられています。

そして、家の評価は「新しいほどいい」わけではないのです。

家を購入するときに英国人が最初に検討するのは「価格」「地域」「部屋数が家族の人数に合っているか」「外観」です。内装は自分たちが住んでから替えればよいのでボロボロでも構わないと考える人が多く、内装が整っていない家を安く購入し、自分たちでリノベーションすることで、家の価値を上げる人たちもいます。こうした理由で、英国ではDIY（do-it-yourself、日曜大工）がさかんなのです。

住んでいる家の価値を上げて、次の家を購入する資金にする。その繰り返しで英国人は家と付き合うため、家は住み手を変えながら循環し、そして維持されていくのです。

理想的と思える循環ですが、日本の評価額システムでは難しいのが現状です。循環は国民の共通意識がないと成り立たないので、歴史、教育の賜物《たまもの》であり、今すぐ日本に取り入れられるものでもありません。しかし、家を「生かし続ける」ことを考えている英国人の「家」への投資の仕方は面白く、学ぶべきことが多々あります。

リースホールド 九九年の借地権

では、なぜ英国人は、「土地」に執着しないのでしょうか。英国には土地を所有するための権利として「フリーホールド」と呼ばれる自由土地保有権と、「リースホールド」と呼ばれる不動産賃借権があります。

フリーホールドは、土地や建物を所有する権利が永久的に持ち主に所属します。日本での土地の購入はこのフリーホールドに属します。

一方、リースホールドとは、土地や建物のリースホールド権は個人や法人が所有しており、その物件を一定期間リースし、時間的所有権を手に入れて利用するというスタイルをさします。

英国はもともと私有地が少なく、土地の大半が王室や大貴族、そして教会の持ちものとなっていました。「英国国土はすべて王室のもの」という考えは、なんと一一世紀のウィリアム征服王（一〇二七〜一〇八七）の時代にまでさかのぼるというのですから、さすが伝統を重んじる英国ならではです。

王室の持ちものである土地を九九九年契約で大貴族が借り、それを切り売り（転貸）して二五〇年契約で大企業や小貴族に貸し、企業や個人はそれを、さらに切り売りしてもらい九九年契約で借りる、これが古くから継承されてきた英国独特の時間的所有権のシステムです。

土地は「所有するものではなく、利用するものであり、その利用期間に応じた価値を売買するもの」と考えられてきたのです。かつて中国から九九年間の時間的所有権を取得し、期間満了により返還された、香港《ホンコン》の割譲《かつじょう》劇もリースホールドによるものです。

今では英国でもフリーホールドの物件が主流になってきていますが、王室所有の土地が多いロンドンや、都市部の駅周辺のフラットでは、リースホールドの物件が見られます。このリースホールドにより期間が延長できず、売り上げが好調であっても移転を余儀なくされるという店舗があったり、家の相続ができず引っ

不動産屋の前に設置されるフリーペーパー。誰でも自由に入手できます。

家庭に配布される不動産広告のフリーペーパー。日本の不動産広告のように間取りは掲載されていません。住宅に使われている建材で地域性が感じられます。

街中の不動産屋のショーウィンドウ。

越しせざるをえなくなったり……といったケースは珍しくありません。

不動産広告

では、英国で家を探す場合、人びとは何を参考にするのでしょう。それは、やはり不動産広告です。

英国では一週間に一度その地域ごとのニュースやお店の広告などを主としたフリーペーパーが各家庭に配布されます。その中には不動産広告も含まれています。広告といっても一枚一枚バラバラの紙形式ではなく、分野に分けて新聞冊子のようになっています。

不動産冊子は、何社もの不動産屋が順番に物件広告を展開する作りになっており、紙質は更紙《ざらがみ》ですが、フルカラーで家の情報が掲載されています。そこにはその地域で売りに出されている家がずらりとラインナップされていて、何百年も前のかやぶき屋根の家から新築まで、バラエティ豊かです。

日本の不動産広告と大きく違うのは、「間取り」が載っていないことです。家の外観写真とメインの部屋の写真の下に、どんな部屋があるか、庭はあるかなどの情報や、ロケーションなどが数行で記載されています。まずは外観が重要で、部屋数と価格がわかれば間取りはその次といった印象です。間取りなど詳細内容が知りたいときは、その会社のホームページにアクセスすれば見ることができます。

　ネットの普及により、フリーペーパーが配られなくなってきた地域もあるようですが、街の不動産屋の前にはフリーペーパーが置かれており、気軽に手に入れることができます。

　英国人が物件を決める際、住宅そのもの以外にも必ず確認をする案件が、先に述べた「フリーホールド」と「リースホールド」という土地に対する所有権の項目です。リースホールドの物件の場合は、権利期間が何年なのかを確認する必要があります。リースホールドの期間は九九年から九九九年と、振り幅も大きく、七〇年を切っていたりするとローンが組めなかったりすることもあります。

　リース期間が短い家は、売るときに買い手がつきにくくなります。リースの延長更新の申し立てをする手段もあるのですが、高額な更新手数料をとられるため注意が必要です。また、英国では土地だけの販売は特別なことのため、物件情報で「土地」を見かけるのは稀なことです。

庭の重要性

英国では東西南北などの向きは関係なく、家は道沿いの正面に玄関を配置し、プライベートの庭を裏に設けるという暗《あん》黙《もく》のルールがあります。

　家の正面に庭がついている住宅は敷地

各種さまざまなスタイルの家が掲載されている不動産広告。

英国では家具付き物件も多く、不動産広告に載る室内写真は、まるでインテリア雑誌のようにも見えます。

に少し余裕のある郊外の物件に多く、たいてい駐車場も兼ねています。都心部では、道路から玄関までの数メートルの短いアプローチ部分に少しの植木が置けるくらいのスペースになります。この正面部分を「フロントガーデン」と呼び、これは街並みに貢献する意味ももっています。

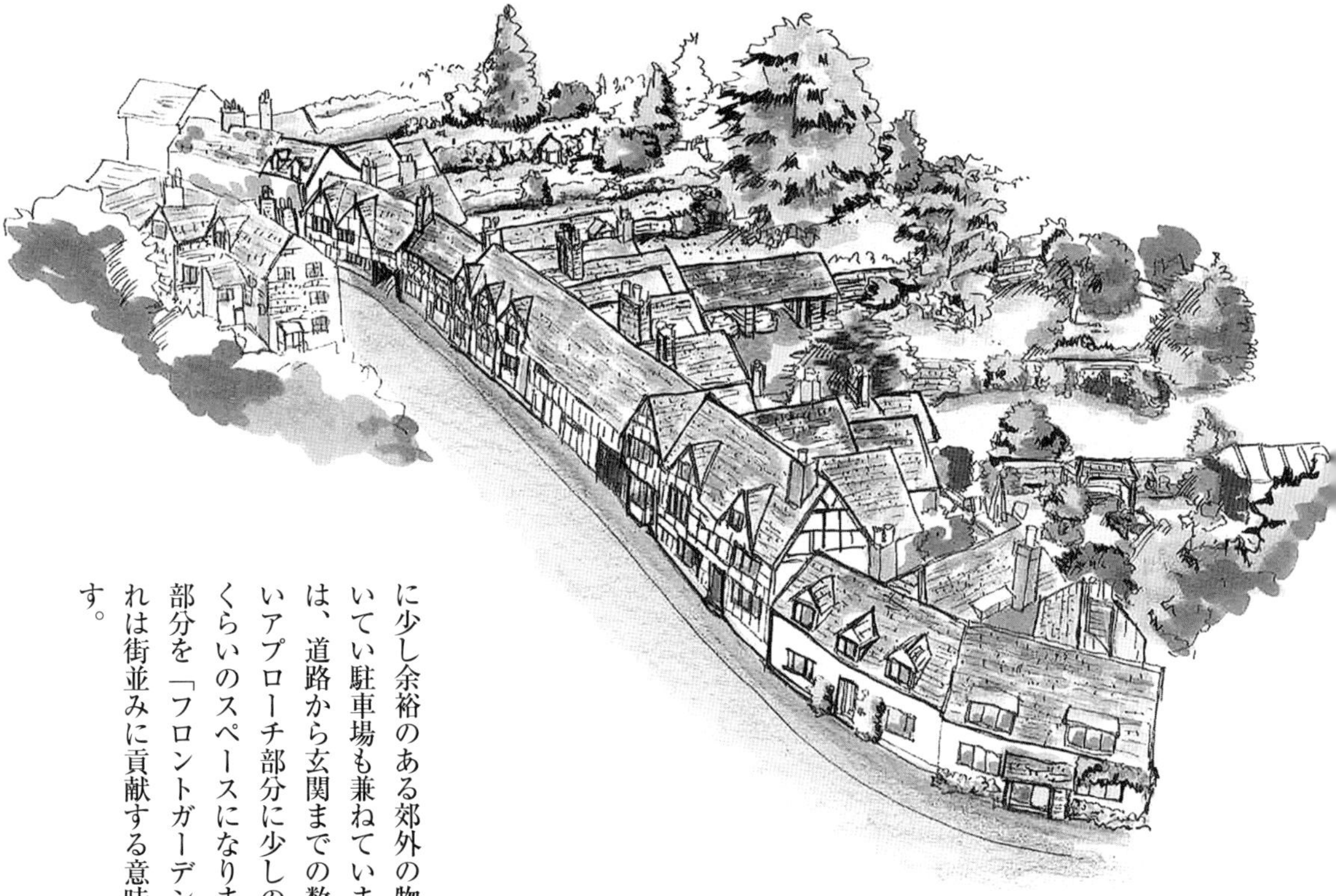

正面を通りに沿わせ、規則的に住宅が建築されています。家の裏には、各家のバックガーデンが広がっています。

英国人にとっての庭は、「バックガーデン」と呼ばれる裏庭の部分になります。英国人は庭を第二のリビング、プライベート空間とみなしているため、一般の人の目にふれる道沿いには庭を配置しないのです。

日本では、道路面がどこであろうと、建物を北に寄せ、光の入る南面をなるべく大きく取る物件が人気です。そのため、南向きの道沿いに庭があり、庭を通って玄関に入る家も多いのです。それに対し英国では、もともと曇天の日が多いことから、方位への執着は日本よりずっと低く、北向きの物件でも気にしないという人がほとんどです。そのため、不動産広告には方位が載ることはまずありません。

英国では、隣接する家を同じように道に沿って建設し、統一された広さのバックガーデンを配置する街並み作りが推《すい》奨《しょう》されてきました。建物の背後に設置されたバックガーデンは、両隣、背面の家と、庭同士が隣接し、一区画の住宅の真ん中に、大きな庭が形成される構造です。

大きな集合体となった庭は、建物の陰になってしまうという心配がなくなります。たとえ庭が北向きでも、建物という障害物のない庭には、そのどこかに、光の届く場所ができるので、住民はそこに椅子や机を置き、日光を感じるスペースを上手に作り出します。そして複数の家の庭が集まり作られた巨大な庭は、鳥や小動物を地域に呼び込み、住宅地全体の自然への密着度を上げるのです。

家は土地から生えていると信じている英国人にとって、生活に庭があることは一種のステイタスシンボルでもあります。

庭を手入れするゆとりのある生活は、大都心ではなかなか味わえない郊外ならではの醍醐《だいご》味《み》なのです。

そんな英国人の庭への想いが表現されているのが映画『マイ ビューティフルガーデン』(二〇一六)。主人公のベラは立派なバックガーデン付きのフラットに暮らしているのですが、その庭はひどいありさま。ある日見かねた家主から、一か月以内に手入れの行き届いた庭に戻さなければ退去してもらうとの通告がきてしまいます。

そんな彼女を救ったのは、庭をこよなく愛する隣に住む老人でした。彼は庭を「美しい秩序を保ったままの混沌《カオス》の世界」とベラに教えます。

引っ込み思案だったベラが老人とともに、庭とふれあうことにより、庭に蒔《ま》い

バックガーデンは外から見えないプライベートな空間です。

た花の種が芽吹《めぶ》くように、夢に向かって成長していく姿には、思わず声援を送りたくなります。庭造りに奮闘した一か月後、仲間に助けられベラの庭は人が集う場所へと生まれ変わり、ガーデンパーティーが開催されるほどに。庭はもう一つのリビングとも考える英国人らしいラストに、温かな気持ちがあふれてくるはずです。

ライフスタイルによる家の選択

英国人はライフスタイルの変化に伴い、その都度、家を住み替えていきます。その選択はさまざまですが、どんな家に移り住んでいくのかを、オーソドックスな例で紹介します。

日本のアパートと似た形体のフラット。扉のデザインは各自が好みで替えています。

フラット

社会人になると英国人の大半は親元を離れます。最初の家は賃貸に始まり、資金がたまれば、日本でいうアパートを意味する「フラット」を購入します。外観は「テラスハウス」に見えますが、玄関にたくさんのインターホンがあり、各階ごとに分かれている「コンバージョンフラット」が英国には多く存在します。高齢者にも人気です。

テラスハウス

パートナーと生活をするようになったり、収入が上がってきたりすると、庭付きである「テラスハウス」を購入したいと考えます。一部ロンドンなどの大都市の中心のテラスハウスは価格が億単位で、広さもあり家族が増えても十分な物件もありますが、通常はベッドルームが2〜3つほどのサイズのテラスハウスが主です。

セミデタッチドハウス

結婚して家族が増えたりすると都心を少し離れた庭付きの大きめの家を欲する人が増えます。一戸が2軒に分かれた「セミデタッチドハウス」は比較的手頃で人気です。

デタッチドハウス

子どもたちも成長し、家計にも余裕が出てきたら、部屋も庭も広い一軒家の購入も視野に入ってきます。郊外に建つ、大きなデタッチドハウスは、ベッドルームを4つ備えるなど、大家族向けの物件です。しかしこのような大きな家は、子どもたちが巣立った後は、自ずと空き部屋が出てしまいます。英国人は、空き部屋を好みません。そのため、そのような時期がくると、家族の人数に合わせた小さめの家への引っ越しを検討し始めるのです。一部の人びとの中には、定住を希望し、家の一部を「フラット」として賃貸運営する人もいます。

バンガロー

年を重ねると、家のメンテナンスなど大変になってきます。そのため「バンガロー」と呼ばれる平屋に引っ越したり、小さなテラスハウスやフラットを選択したりして、身の丈に合ったつつましやかな暮らしを営みます。

Column

ブルー・プラーク（Blue plaque）

ライフスタイルの変化により、家を住み替えていく英国人。それは一般の人だけでなく、著名人も同じです。そのため、英国の建物を見ていると外壁面に青いプレートが付いている家をよく見かけます。プレートには、「人物名」、「誕生年と没年」「職業」「どんな理由でどの期間、建物に居住していたのか」が書かれています。このプレートは「ブルー・プラーク」と呼ばれるもので、著名な人物が住んでいた家、もしくは歴史的できごとがあった場所に付けられています。

認定をするのは、英国の歴史的建造物を保護する組織で、建物の歴史的つながりを伝えるためにプレートを設置しています。現在の選出条件は一九五四年に制定され、対象となる人物は死後二〇年もしくは生後一〇〇年が過ぎていることが条件となります。架空の人物や、外国人も対象になるというので驚きです。

架空の人物の代表格が、日本でも有名なシャーロック・ホームズ。ベイカー・ストリートのシャーロック・ホームズのテラスハウスにはブルー・プラークが掲げられています。

日本人では、夏目漱石（一八六七〜一九一六）が留学時に下宿した家にもこのプレートが取り付けられています。

ブルー・プラークは一九九八年まではロンドンのみに設置されていましたが、一九九八年以降は英国全土が対象となったため、現在八〇〇枚以上のプレートを英国中で見ることができます。

一八六七年に付けられた最初のプラークはこげ茶色でしたが、プラークの管轄機関が数度変遷していくなかで、一九三七年以降はプラークの色がブルーに統一され「ブルー・プラーク」として定着しました。プラークの大きさは直径四〇センチ、必要な文字は白地で表記されています。英国を訪れた際建物の外壁に青いプレートを発見したら注目して見てください。思わぬ人物のゆかりの地を知ることができるかもしれません。

ちなみに、ブルー・プラークが掲げてあっても、その建物はミュージアムになっているわけではなく、現在は一般の人が普通に暮らしている建物が大半です。

組曲『惑星』（1914〜16）で有名な英国人の作曲家グスターヴ・ホルスト（1874〜1934）の住んだ家。彼は1908〜13年の間、この家で暮らしました。

チャールズ・ロバート・ダーウィン（1809〜1882）の住んだ家に掲げられているプラーク。彼は『種の起源』（1859）を発表する際、この家に9週間暮らしました。

テラスハウス

テラスハウスとは主に都心で見られる三棟以上の家が長屋のように連なっている形態の家をさします。ロンドン市内や、郊外の駅前でよく見かける住宅形式です。一階（地下）から最上階までの一棟を一つの一家が住宅とします。「フラット」（日本でいうマンションやアパート）のように「地」に着かない住宅形態より格上で、人気物件となっています。テラスハウスには貴族が住むような大規模なテラスから、庶民が住む小規模で部屋数が少ないテラスまで、さまざまな物件があります。

テラスハウスは一六三一年にロンドンのコベントガーデンに建設されたものが最初といわれています。一六六六年のロンドン大火でほとんどの木造住宅が消失したなか、石や煉瓦造りの連続住宅が防

ロンドン建築法により1774年に定められたテラスハウスの規定。法律により、間口、奥行、面積が指定されました。Largeは、間口が7.3メートル、面積が46〜83平方メートル程度。Mediumは間口が4.9〜6.3メートル、面積が33〜46平方メートル程度。Smallは、間口が4.4メートル、面積は33平方メートル程度でした。テラスハウスの中央部などの特殊な部分は、Large以上のサイズになることもありました。

ロンドンの一等地にあるテラスハウス。地下から最上階までの1棟が1軒の家です。

火帯として有効に機能したことが評価されて広がりました。一七七四年頃から本格的に都市化が進み、現在も見られる美しいジョージアン様式のテラスハウスが普及しました。

テラスハウスは地主によってワンブロック単位で建てられます。端から端まで同じようなデザインの家が並ぶテラスもありますが、基本は中央部、左右端部、これを継ぐ部分の三要素からなり、シンメトリーの建物にするという法則があります。一棟一棟は小さくても集まることで宮殿のような豪華さが演出できます。

ロンドンのテラスハウスはとても美しいデザインの建物が多く、さまざまな時代の建築様式の特徴を持っています。玄関口には小さなフロントガーデン、そして裏にバックガーデンを有するタイプの住居も多く、庭を愛する英国人の価値観がここにも見られます。

数あるテラスハウスのなかで、英国で最も有名といっても過言ではないテラスハウスは、南西イングランドの大都市バースにある「ロイヤルクレッセント」と呼ばれる三日月《クレッセント》型のテラスハウスです。

この建物はグレードI（九六〜九七ページ参照）指定の歴史的建造物に認定されています。現在右端がミュージアムになっていて、中央は二棟分を使った高級ホテルになっています。数棟だけが今も昔ながらのテラスハウスとして使用されています。そして、その他の棟はすべて「フラット」として切り売りされ、住宅に利用されています。ちなみにフラット一軒の価格は億単位の高級物件です。

バースにある「ロイヤルクレッセント」。1767〜74年に建築家ジョン・ウッド（1728〜1782）によって建てられた30棟連続の三日月型のテラスハウス。

1棟のテラスハウスを複数でシェアをするコンバージョンフラットの玄関先。表札とインターホンが住人分あります。

2階の窓が大きく取られている高級テラスハウス。裕福な人びとを対象にしている物件です。

テラスハウスの新婚夫婦の話

では、実際に現在テラスハウスに住んでいる人が、どのような理由でこの家を選んだのかを、ロンドン郊外のテラスハウスに住む夫婦と猫一匹の家族で説明しましょう。

ロンドン市内で働く三〇代半ばのカップルは、このテラスハウスに住む前は、ロンドン郊外のフラットに住んでいました。家を引っ越そうと考えたきっかけは二人で暮らすようになって手狭さを感じたこと、結婚を視野に入れたこと、そして庭へのこだわりでした。

英国人に転居理由を問うと、「庭がほしいから」「庭が狭いから」などと庭を欲する想いをよく耳にします。最初は庭のある家を購入できなくても、ある程度余裕が持てた次の段階のときには庭付きテラスハウスに憧れを持ちます。彼らもまた地についた庭付きの家を欲していたのです。

ロンドンの企業で働く二人にとっての条件はロンドン市内に近いこと、そして自然がたくさんある環境ということでした。

二人が選んだのはバーンズというロンドンから電車で三〇分ほどのテムズ川沿いの町。その町は一八〜一九世紀の建物が多く建ち並び、大きな森林公園もある静かな町です。歴史と自然を愛する彼らはこの町の一八二〇年に建てられたリージェンシー様式（七六ページ参照）のテラスハウスの購入を決めます。小さいながらもバックガーデンを持ち、歴史ある家の様式に部屋数が理想的だったことと、立地条件も合ったためすぐ気に入ったそうです。内装や間取りは後から自分たちで変更できるのであまり気にしなかったとのこと。

購入して四か月目に訪れた際、彼らはすでに「この部屋はこうするの」、「あの部屋はこんなふうに内装するの」と、家のリノベーションのイメージを話してくれました。住みながら家を自分スタイルに変えていくことは、英国人にとって自然なことなのです。

それから二年、彼らは結婚し、そのイメージ通りのリノベーションを完了していました。キッチンとダイニングの二部屋に分かれていた半地下の部屋は、一つの大きなダイニングキッチンとなり、

新婚カップルが住んでいるロンドン郊外にあるテラスハウス。
リージェンシー時代の建物で半地下があります。

憧れのバックガーデンがよく見えるようになり、「とても気持ちのいい朝が迎えられている」と幸せそうに話してくれました。

ご主人は朝早くテムズ川沿いにランニングに出かけ、その間に奥様は紅茶を飲みながら朝の支度をしています。共働きの二人は帰宅時間もバラバラですが、早く帰宅したほうが夕食の準備をして置いておくという理想的な暮らしが展開されていました。

友達も多く、近くのフラットに住む妹も、時々泊まりに来るそうで、ゲストルームも完備されています。「いつでも人を迎えられる準備ができているから、大歓迎だよ」と優しい言葉をかけてくれる夫婦はとても幸せそうです。

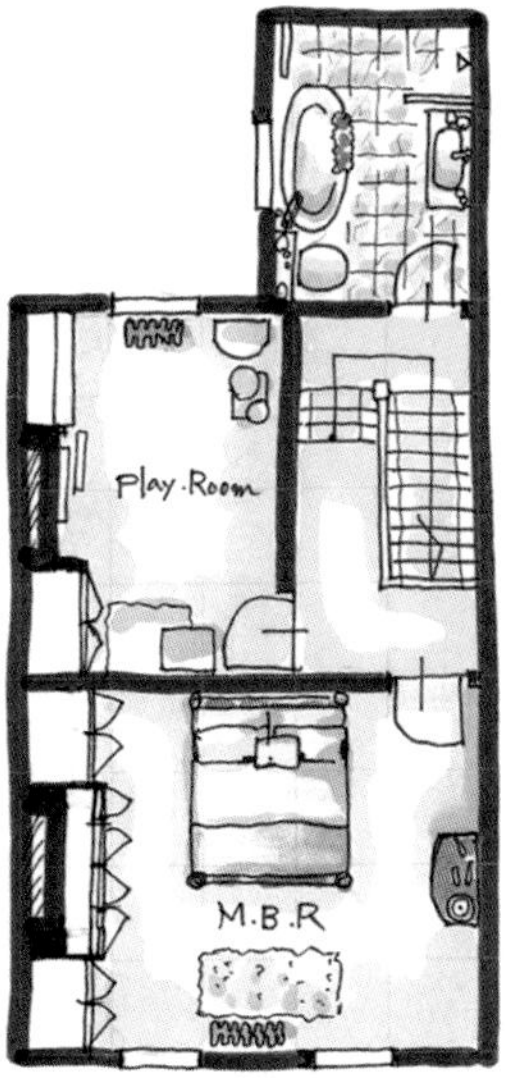

〈2階〉夫婦のベッドルームがあります。プレイルームは愛猫の部屋になっているそうです。

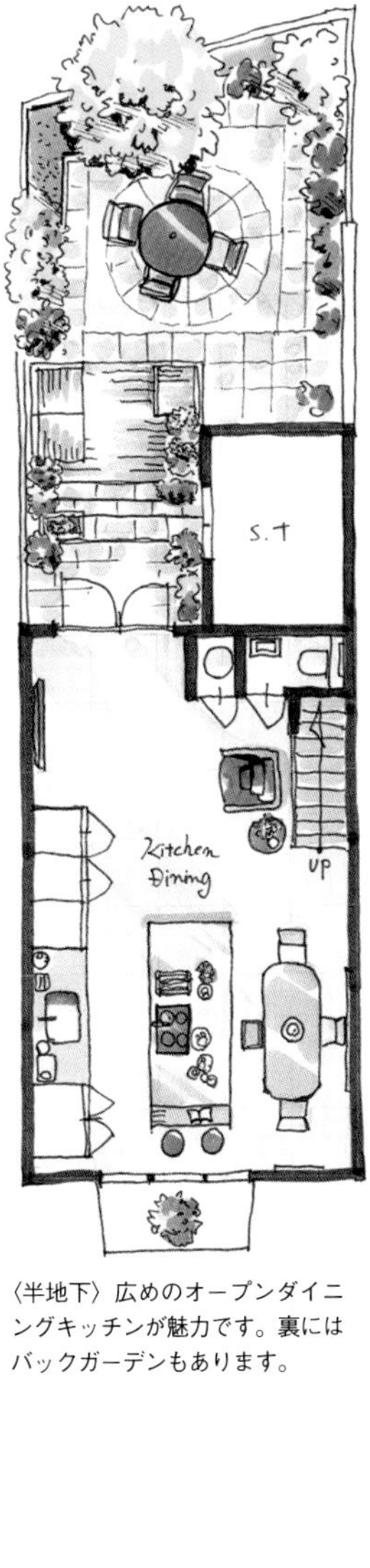

〈半地下〉広めのオープンダイニングキッチンが魅力です。裏にはバックガーデンもあります。

〈1階〉リノベーションで2間を続き部屋にしたリビング空間は快適です。奥にはゲストルームがあります。

Column

ロンドンのフラット 映画『ヴェラ・ドレイク』

二〇〇五年に公開された映画『ヴェラ・ドレイク』は、一九五〇年代のロンドン・ハンニバル・ロードの戦災者用の公営フラットに家族四人でつつましく暮らしている主婦ヴェラ・ドレイクを主人公にした作品です。ヴェラは中産階級の家庭の掃除婦をしながら、老齢の母の介護、そして近隣の老人の世話を好んで引き受ける心優しい女性です。

仕事から帰ってきたヴェラが、エレベーターのないフラットの階段を一所懸命上がり、無機質な扉を開け、狭い我が家に帰ってくる。人一人入れば身動きがとれなくなってしまいそうな小さなキッチンで、彼女はまずお湯を沸かします。それは紅茶を淹《い》れるためのお湯。決して人びとが憧れるようなインテリアや調度品がそこにあるわけではないのですが、ヴェラを中心に家族が集う食卓には、互いが互いを思いやる愛にあふれています。

しかしそんなヴェラには二〇年近く、家族にいえない秘密がありました。それは望まぬ妊娠をした娘たちのために人工妊《じんこうにん》娠中絶《しんちゅうぜつ》の手助けをしていること。娘たちを紹介するのはヴェラの幼なじみ。彼女はヴェラに内緒で娘たちから紹介料を徴収しています。しかしヴェラはそれを知らず、妊娠中絶の行為は娘たちを助けるためにボランティアで引き受けているのです。

彼女の幸せは、ある日一瞬で崩れ去ります。ヴェラが手助けした妊娠中絶の処置後、容態を崩した女性が病院に運び込まれ、彼女のことが警察に発覚してしまうのです。その日ヴェラのフラットでは、引っ込み思案で人付き合いが苦手な娘がやっと巡り会った素朴な青年との、ささやかな婚約パーティーが開かれていました。幸せの絶頂にある家族の前で、警察署に連行されるヴェラ。何とも切ない場面です。

当時の英国では、女性の正規ルートでの妊娠中絶はお金のある中産階級以上にしか許されず、貧しい者たちの闇の妊娠中絶は大きな社会問題となっていました。現在でも是非が問われる人工妊娠中絶問題を、小さなフラットに住む貧しい労働者階級の人びとの人情や家族の絆を通して描いた心打たれる映画です。

郊外にあるフラット。簡素な造りになっています。

労働者階級向けのフラット。日本の団地に近い感覚の物件です。

ロンドンのテラスハウス ディケンズ博物館

Column

ロンドン市内ラッセル・スクエア駅から徒歩一五分ほどのジョージアン時代の建物が並ぶエリアに建つテラスハウスの一つに「ディケンズ博物館」があります。

一八〇五年に建築された三階建てのテラスハウスには、チャールズ・ディケンズ（一八一二〜一八七〇）が一八三七年三月から一八三九年一二月までの二年半暮らしました。テラスハウスの並びの家は現在も一般の人が住んでいるため、博物館の表示は控えめで、扉は閉まったまま。扉のインターホンを押して中に入るスタイルになっています。

一八三七年のロンドンでは住宅は購入より賃貸が一般的であり、ディケンズ夫婦も三年契約でこの家を借りました。この家にはディケンズ夫婦の他に、ディケンズの弟と、妻の妹も同居していました。妻との間に第二子、第三子を授かり、家族が増えたことにより、ディケンズ一家は、さらに大きな家へと引っ越していきます。この家の書斎でディケンズが書き上げた作品は『ピックウィック・クラブ』（一八三六〜三七）、『オリバー・ツイスト』（一八三七〜三九）、『ニコラス・ニクルビー』（一八三八〜三九）です。

モーニングルーム、ダイニングルーム、ドローイングルーム、書斎、ベッドルーム、地下の召使い部屋と、すべての部屋に当時の暮らしが再現されているため、ヴィクトリア朝の人びとの生活形態を知るうえでも、とても勉強になる博物館です。

この家に住んでいた当時、ディケンズの家にはコック、フットマン、メイド、ナースと、使用人が四人もいたそうです。そんな使用人の活動エリアの地下には、家事仕事に使われていた道具類も細部まで再現されています。博物館内に展示されているディケンズ直筆の原稿や手紙の数々は、ファンにはたまらない感動を与えることでしょう。

玄関扉の色と合わせた、博物館の看板。テラスハウスの一角に、他の住居と並んで存在しています。

インテリアは当時のように再現されています。

奥に見える扉はジョージアン様式の特徴である6枚パネル扉です。

バックガーデンでカフェで注文した紅茶を楽しむこともできます。

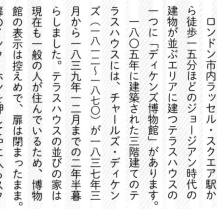

セミデタッチドハウス

「セミデタッチドハウス」とは日本では見かけない住宅形式で、英国住宅ならではの形態ともいえます。二つの住宅が左右対称に隣接しており一戸建てのように見えます。セミデタッチドハウスは、都心を離れると多く見られます。

もともとは同一色で建てられたセミデタッチドハウスですが、住む人の好みで、外観の塗装はリノベーションされています。

セミデタッチドハウスの普及は、ヴィクトリア朝中期（一八五一～七四）に始まります。都市の大気汚染等の環境悪化と、一八五〇年代の鉄道の発展とともに郊外に住宅地が開発され始めました。都心のテラスハウスから、郊外の二連住宅であるセミデタッチドハウスや、一戸建てのデタッチドハウスに注目が集まりました。郊外のゆとりを持った敷地、そして大きな庭に惹かれた人びとにより、大都市の郊外には大きな住宅街が形成されるようになります。

ヴィクトリア朝時代、セミデタッチドハウスが普及した理由は大きく三つあるといわれています。

第一の理由として「見栄えがいい」こと。実際は二軒から連なる住宅なのですが、遠目から見ると一軒の大きさの建物のため、大きく豪華に見え、左右対称の威厳のある外観に見せることができる点が好まれました。一戸建てが購入できない新婚カップルなどを中心に購買が進みました。

第二の理由は「防犯対策」の点で安心であること。長期で留守にする際、どちらかの家族が在宅していると防犯性が高くなります。セミデタッチドハウスは郊外にあるため、防犯を気にする人も多く、効果的だったといわれています。

第三には「神が宿るデザイン」という宗教的な理由があげられます。〈図1〉（二三ページ参照）は平面図で、セミデタッチドハウスを敷地も含めて上から見た図になります。平面デザインが十字架に見えるのがわかるでしょうか。物が豊かになり心の豊かさが失われがちになったヴィクトリア朝時代、家庭生活の幸福を願うキリスト教の教えを実現することを天に誓ったデザインともいわれたため、熱心なキリスト教徒の人びとにセミデタッチドハウスは受け入れられたといわれています。

現在も英国ではセミデタッチドハウスという形態は定着しており、英国各地でさまざまなデザインのセミデタッチドハウスを見ることができます。

1930年代を代表するセミデタッチドハウス。

ロンドン郊外の新築のセミデタッチドハウス。セミデタッチドハウスは現在でも人気の建築スタイルです。

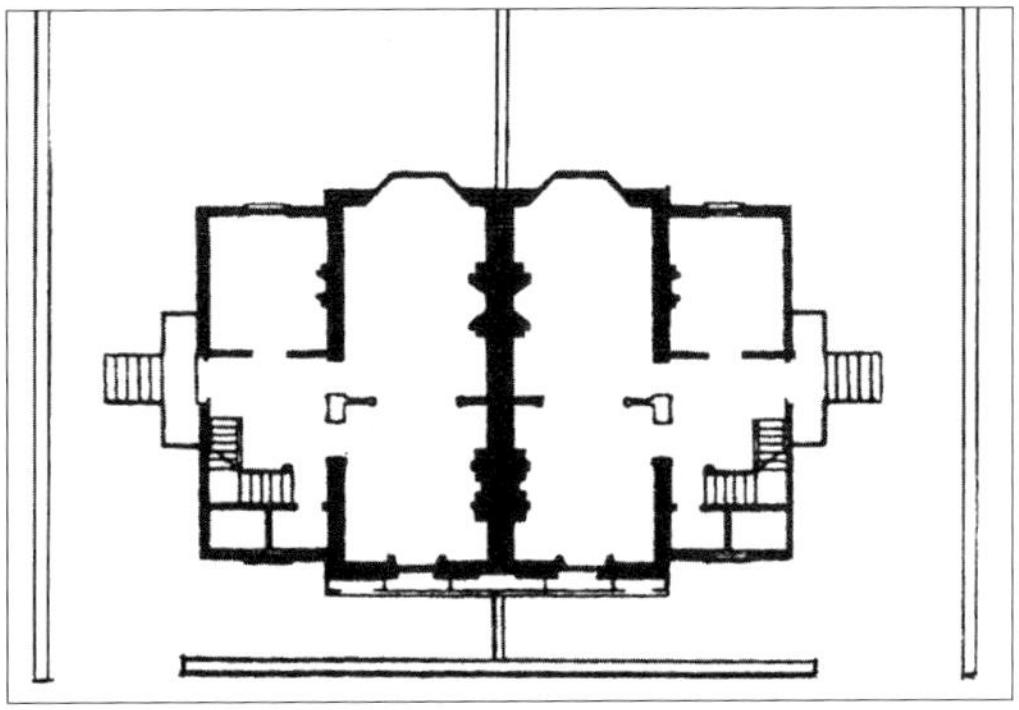

〈図1〉 セミデタッチドハウス平面図。十字架に見えます。

郊外の住宅街にはセミデタッチドハウスが並んでいます。

エドワーディアン時代のセミデタッチドハウス。

セミデタッチドハウスに住む家族の話

ここでは実際にセミデタッチドハウスに暮らす、四人家族と二匹の犬との生活を紹介しましょう。

企業で働くご主人と教師の奥様は四〇代半ばで一〇代の娘と息子がいます。結婚したての頃はテラスハウスに住んでいましたが、子どもができ、自分たちの求める大きさの家を探し、今の家を見つけたといいます。購入の決め手は部屋数のほかに庭が大好きな奥様にとって、広い庭と、その背景に見えるこの町のシンボルでもあるモーバン・ヒルと呼ばれる丘の存在が魅力的だったからです。

この家は一八九七年、ヴィクトリア朝時代に建てられた建物で、ちょうどヴィクトリア女王の即位六〇周年の記念の年に当たるため、「1837・1897 DIAMOND JUBILEE」と刻印された煉瓦が塀にはめ込まれています。英国人にとってこういった歴史的な意味を持った家はとても評価が高く自慢であるため、訪問したときにも、まず刻印煉瓦を見せてくれました。

庭で過ごすことを愛する奥様は庭のさまざまな場所に椅子を置き、サマーハウスやパーゴラ（庭などに作る格子状の棚）を設置し、そのときの気候や時間によってベストな場所に座ってお茶をしたり読書をしたりすることを楽しんでいるといいます。家の中で一番のお気に入りの場所はどこかという質問をすると、「そんなの一つに絞れないわ。時間や気分によって変わるものよ」という答えが

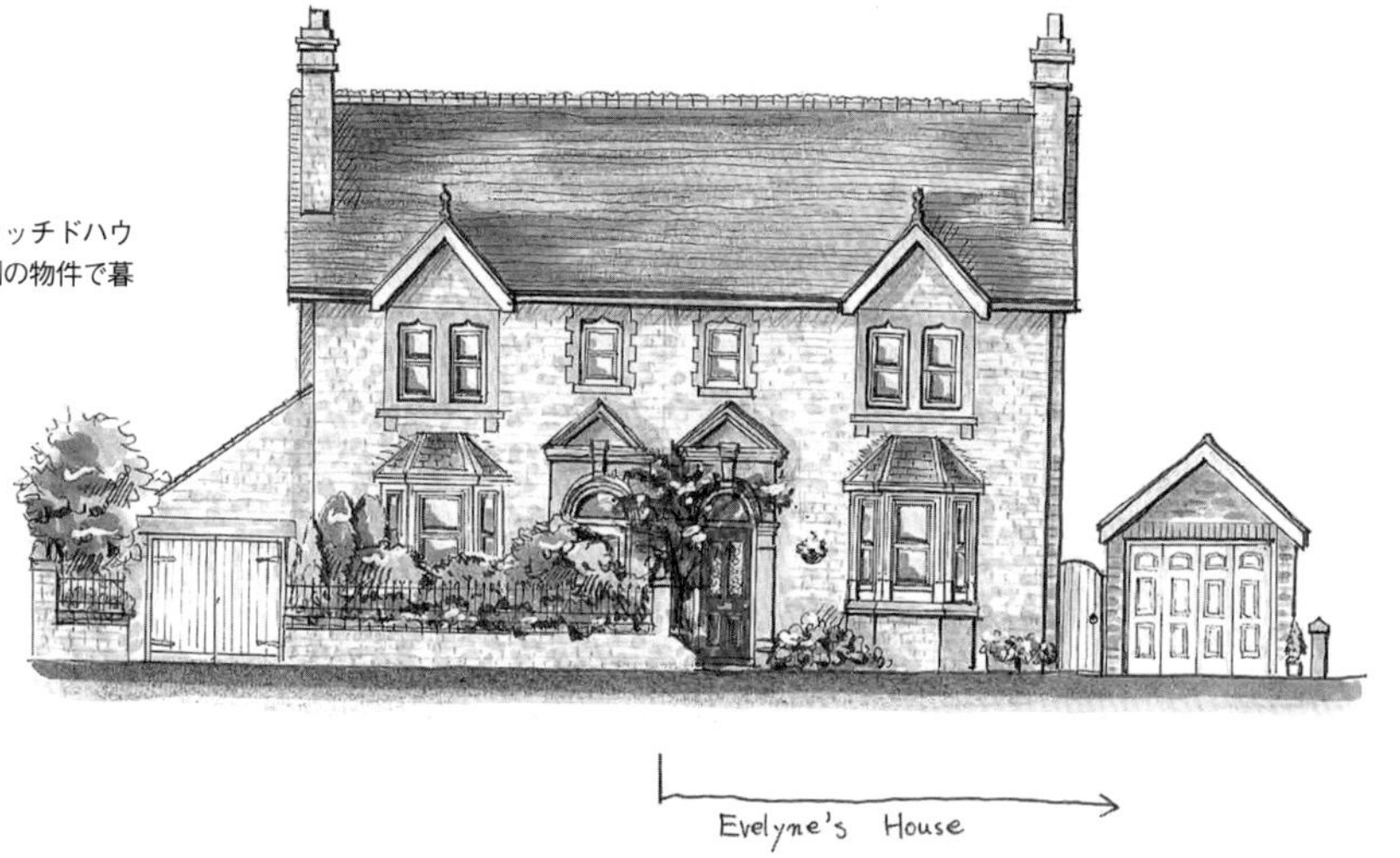

ヴィクトリア朝時代のセミデタッチドハウス。４人家族と２匹の犬は右側の物件で暮らしています。

返ってきました。

実はこの質問に対する答えは他家でも何度か返された経験があります。季節によって、時間によって自然は変化し、部屋に対する影響も変わるということを意味し、家と自然のつながりを大切に考える英国人気質が出ている答えなのです。

家を購入してから少しずつ内装を替えたり、水まわりを新調したりと自分たちに快適になるように手を入れていきます。庭で遊ぶ子どもたちや犬の様子が見えるように、また、雨の日でも庭を眺めることができるようにバックガーデンに面した窓を大きいものに取り替えたりもしたそうです。

そして奥様がずっと気になっていた家の外観と合わない木製のガレージを、時代に合う建物に作り変えて落ち着いたということでした。作り変える理由が「古くなったから」ではなく、「時代が合っていないから」という点もまた英国人らしい発想です。子育てが落ち着いて子どもたちが独立するまでは、今の家が気に入っているので引っ越す予定はないようです。

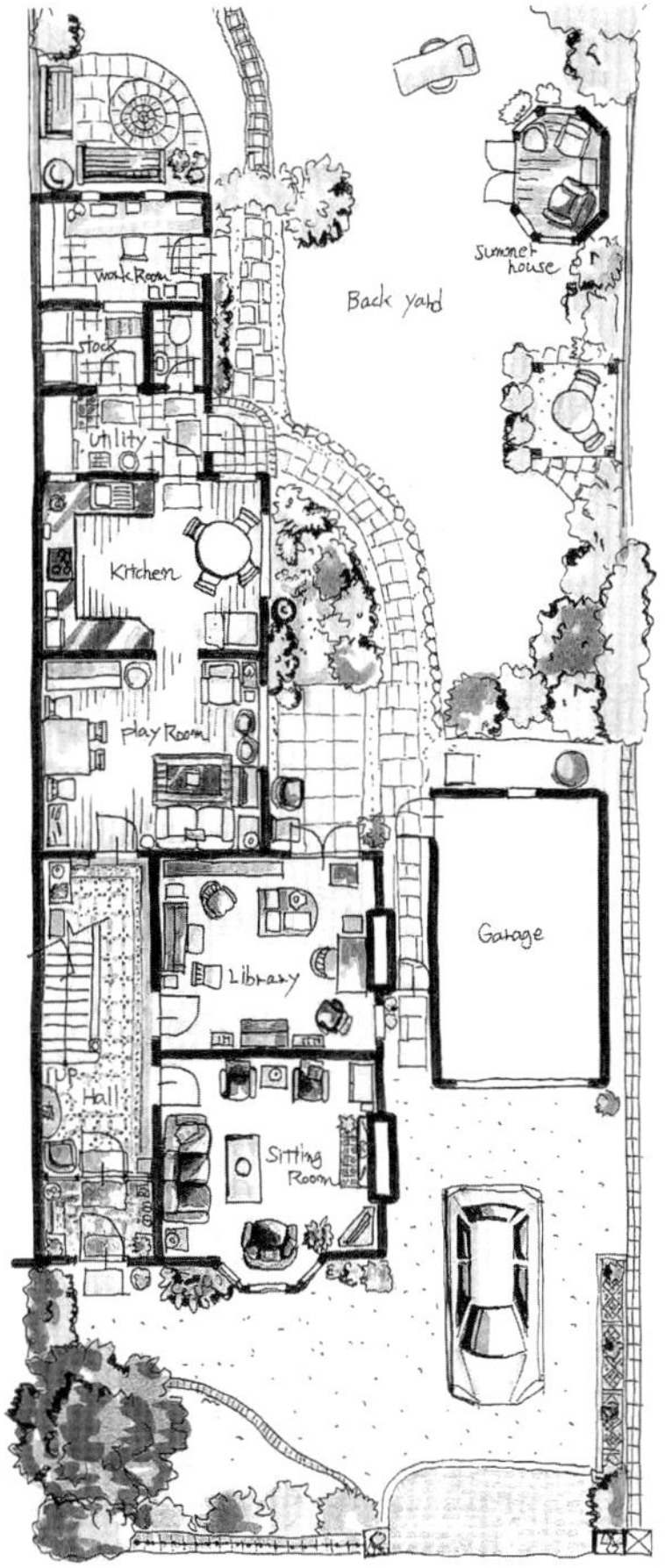

〈1階〉ダイニングキッチン、リビングを中心に、ゲストルームやライブラリーがあり部屋数が多くなっています。奥にはDIY用の作業部屋もあります。バックガーデンは家の奥行ほどある広さで、サマーハウスやパーゴラなどが置かれています。

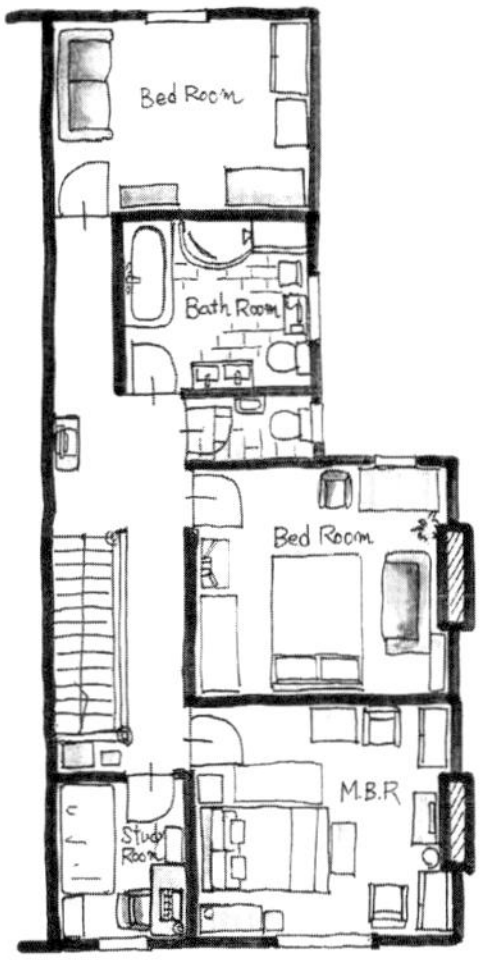

〈2階〉3つのベッドルームのほか、仕事部屋もあります。

リージェンシー時代のデタッチドハウス。左右対称の造りが特徴的です。

デタッチドハウス

「デタッチドハウス」と呼ばれる一軒家は、ヴィクトリア朝以前は、保養地の別荘として活用されていました。イングランド西部に位置するチェルトナムには、富裕層が使用していた一九世紀前半のデタッチドハウスが多く残っています。

デタッチドハウスはヴィクトリア朝中期以降に、郊外を中心に一般に普及していきました。セミデタッチドハウスに比べると、高額でしたが、一軒家のため、隣人に気を遣わなくてもいい、部屋数が多いなどの利点があり、人びとの憧れの物件となりました。デタッチドハウスは、庭も広いため、ガーデニング好きの人にも好まれました。

二〇世紀以降に建てられたデタッチドハウスは、小ぶりなサイズの建物も多く、購入層もさらに広がりました。

部屋数の多さを活かし、住宅の地下部分などをフラットとして、又貸しする住人も多くいます。

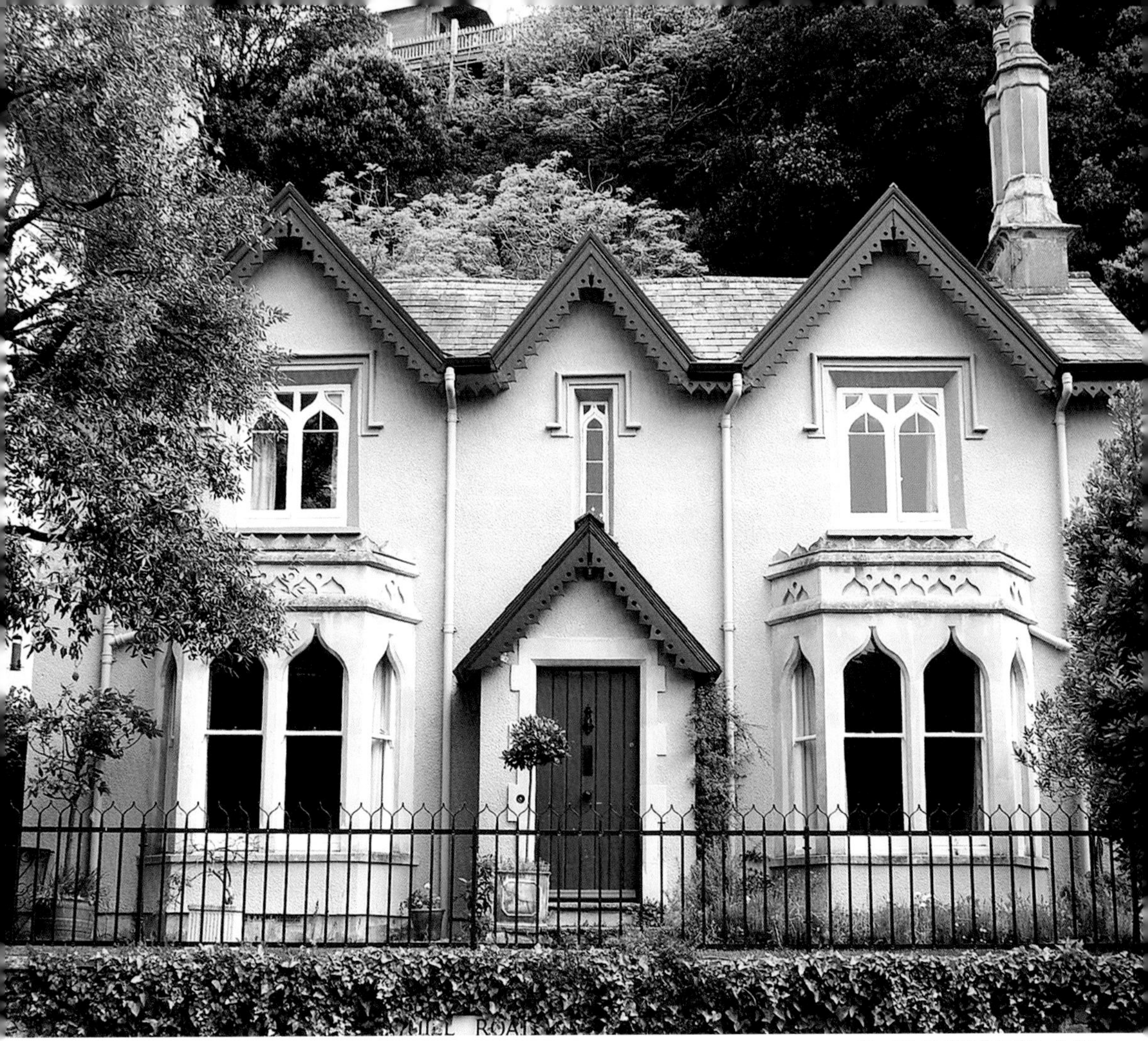

ヴィクトリア朝時代のデタッチドハウス。ベイウィンドウと呼ばれる出窓が特徴的です。

ヴィクトリア朝時代のデタッチドハウス。装飾性がとても豊かな物件です。

デタッチドハウスに住む家族の話

それでは、デタッチドハウスに住む夫婦と子ども三人、犬一匹の家族を紹介しましょう。

夫婦は、別の町のテラスハウスに以前は住んでいたのですが、三人目の子どもが生まれたときに部屋数が多い家を求め、ご主人の仕事場に近い、グレートモーバンの地に限定して家を探し始めました。この家は、一八四六年に建てられたモーバンの石で建築された立派なヴィクトリア朝時代の家。しかし当時は、内部が廃墟状態で、五年も買い手がつかない物件でした。そのため、驚くほど安価で売られていました。

DIY好きの夫婦は、住みながら自分たちで改装をすればよいと考え、立地のよさと部屋数を生かせるという今後の展望から購入を決めました。購入当時夫婦は四〇代でしたが、今は五〇代になりました。この一〇年、夫婦は常に自分たちのDIYで家の改装を続けており、一部屋一部屋満足のいくように部屋を仕上げていきました。そのため、今ではこの家の価値は購入時の倍近くに上がっていると誇らしげです。

このように外観はしっかりしていても中が廃墟のような家を安く購入し、DIYでよみがえらせて評価を上げるという家への投資の仕方は、実に英国流です。

使われていない地下は、自分たちの居住スペースとつながる階段を塞ぎ、「フラット」として改修。現在一人暮らしの女性に貸しています。自分たちの家族の規模より少し大きな家を購入し、一部を賃貸として運営するのもまた英国流です。

やがて子どもも成長し、長女と長男は大学の寮で生活を始め、二部屋が空いた状態になってしまいました。そして空いた部屋には、高齢のお父様が半同居をするようになります。さらに夫婦は、空いた部屋の活用方法として、親から虐待を受け、保護を必要としている子どもを一時的に預かるボランティア活動に使おうと、その用意を始めます。「子どもたちが出ていったら部屋が余っちゃうか

ヴィクトリア朝時代に建てられたデタッチドハウス。重厚な外観です。

らね。高齢の父も人が多いほうが刺激にもなるでしょ？　私も賑やかなほうが好きなのよ」と話していました。

　夫婦、次女、高齢のお父様、一時預かりの子ども……新しい家族形態のスタートです。奥様はもともと教師だったことを活かして、自宅でテレビ電話を使って英語の教師をしています。在宅での仕事柄、家に人を受け入れることは容易なのだそうです。奥様が家を活かすために、人を受け入れるなか、ＤＩＹマニアのご主人はせっせと家を改修し続けています。

　来年には次女も大学の寮に入る予定。「自分たちが元気なうちは家を運営できるけど、主人が定年退職したら近くのテラスハウスにでも移り住むつもりよ」と話される奥様。家に愛情は注ぐけれど、決して執着はしない……英国人らしい潔さと、暮らしを楽しむバイタリティ。こんな住民のおかげで、廃墟だったこの家は、年々輝きを増しています。

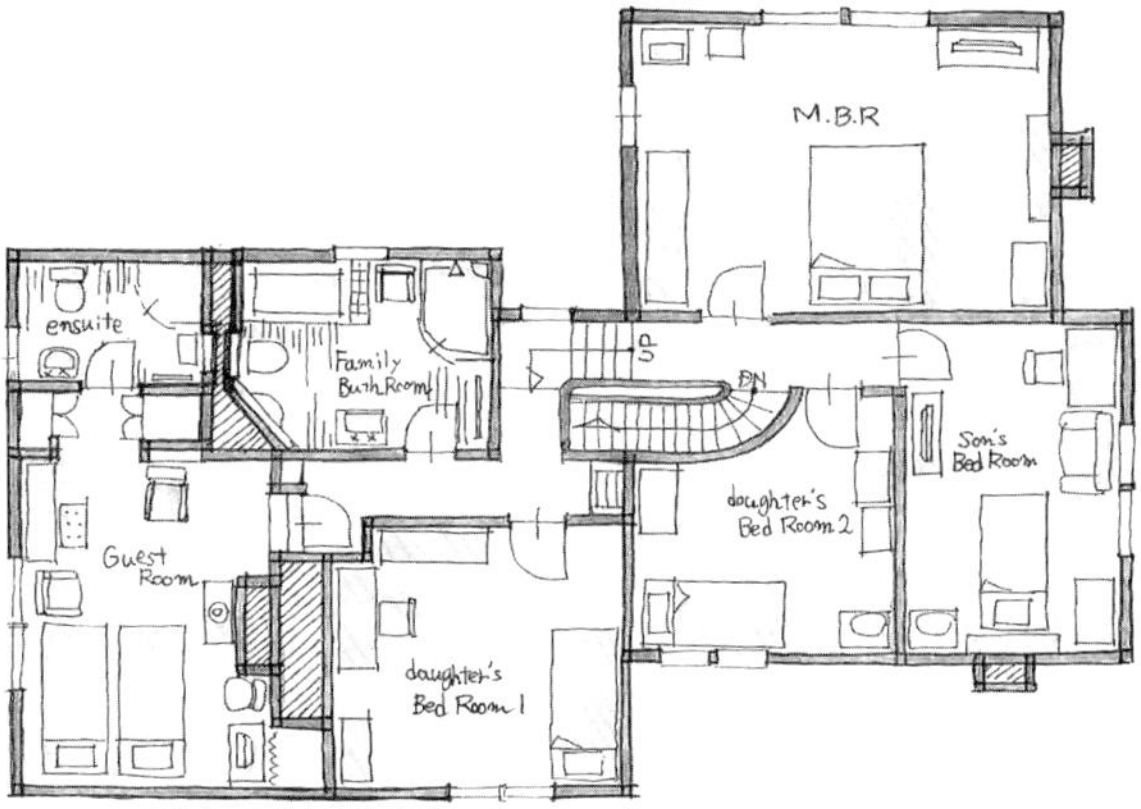

〈2階〉5つのベッドルームは、現在夫婦、娘、そして高齢のお父様や、一時預かりの子どもたちでシェアしています。

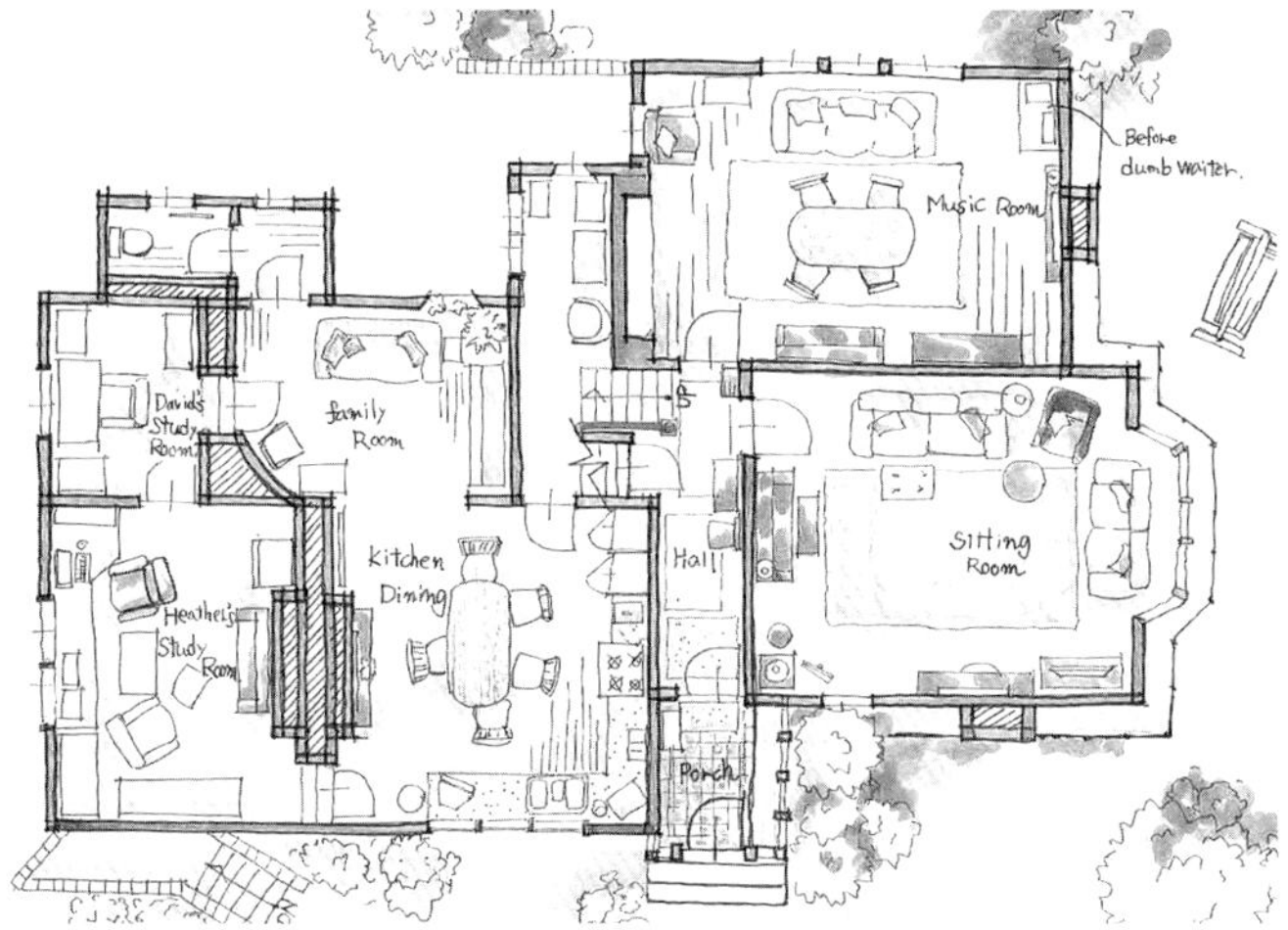

〈1階〉キッチン、ダイニング、リビングを中心に、ゲストルーム、ミュージックルーム、夫婦それぞれの仕事部屋など、ゆとりのある間取りになっています。

Column

家の名前が小説のタイトルに

英国文学の多くの作品に、主人公の名前が付けられていることは皆さまもご存じではないでしょうか。ウィリアム・シェイクスピア（一五六四～一六一六）の『ハムレット』（一六〇〇～〇一）、『オセロ』（一六〇四）、『リア王』（一六〇五）、『マクベス』（一六〇六）、シャーロット・ブロンテ（一八一六～一八五五）の『ジェーン・エア』（一八四七）、ジェーン・オースティン（一七七五～一八一七）の『エマ』（一八一四～一五）等……その数は計り知れません。

しかしそれと同じく家の名前をタイトルにした作品が多いことも、英国文学の特徴です。家の名前は、まだ住所という概念が存在していなかった時代に、その家の特徴を表し、付けられたのが始まりだといわれています。その家が建っている場所の特徴や歴史から名付けられました。

一七六五年に番地制が取り入れられてからは、家の名前は必須でなくなったのですが、今でも家に名前を付けて表札代わりに掲げている家をよく見かけます。

英国で小説が多く世に出た一八世紀は、中産階級の人びとが活躍した時代。彼らはそれまで上流階級の人びとの象徴であった、快適な「住居」を実力で手に入れていきました。そして家に名前をつけて、自分の人生の成功を投影したのです。

ジェーン・オースティンの『マンスフィールド・パーク』（一八一四）、『ノーサンガー・アビー』（一八一七）、アン・ブロンテ（一八二〇～一八四九）の『ワイルドフェル・ホールの住人』（一八四八）、E・M・フォースター（一八七九～一九七〇）の『ハワーズ・エンド』（一九一〇）、イーヴリン・ウォー（一九〇三～一九六六）の『ブライズヘッドふたたび』（一九四五）等、家の名前が付いた小説には、主人公たちの家に対するこだわり、執着、思い出……さまざまなものが描かれています。

16世紀に建てられたこの家の名前は「CLUMBER COTTAGE」、スパニエルドッグの家という意味だそうです。もともとこの家は、狩猟犬を管理する役目を担っていました。ヘンリー８世（1491～1547）がこの地で狩りをした際にも、この家の狩猟犬が活躍したそうです。

この家の名前は「STONES THROW」。石を投げるという意味の名前です。この家から村の教会やパブが、石を投げて届く範囲内にあるという意味で名付けられました。好立地を自慢する家の名前になっています。

B&Bとしての家の活用

ベッド・アンド・ブレックファスト、通称B&Bは、ホテルなどの宿泊施設とは異なり、一般の家庭が自分の家を開放して一泊朝食付きで部屋を貸してくれるというシステムをさします。

英国人は家を遊ばせることを好まず、自分の子どもが独立して部屋が空いたりすると、もう少し小さな家に引っ越す、または、宿や賃貸として家の一部の部屋を他人に提供するということを考え始めます。とくに、人を招くことが好きで、室内のインテリアにこだわっている家庭では、もともと人を受け入れることに慣れており、人と接することを喜びと感じる人が多いため、第二の人生としてB&Bを選択する方も多くいます。

英国のどこの地域に行っても「B&B」と掲げた看板を目にします。テレビ番組でもB&Bを評価する専門番組があります。なかでも、経営者同士がお互いのサービスを体験し合い評価するという主旨の番組は大人気です。B&Bの質はピンキリで当たり外れもありますが、英国の住宅を覗く第一歩としてB&Bの利用はお手軽な方法ではないでしょうか。

Column

B&B経営『ダウントン・アビー シーズンⅥ』

英国のテレビドラマ『ダウントン・アビー シーズンⅥ』(二〇一五)では、ダウントン・アビーの料理人パットモアがB&B経営に乗り出すエピソードが語られています。第一次世界大戦後、経済が低迷する英国では、屋敷勤めの労働者たちが、未来への不安を打ち消すように、積極的に経済活動に動き出します。パットモアは叔母から譲られた遺産を元手に、ヨーク北にあるハウトン・ル・スカーネの家を購入、姪とともにB&Bを開業します。待望のB&Bの最初のゲストは、医師の夫婦でした。しかしこの客の件で、数日後、ダウントン・アビーにはパットモアを訪ねて警察官がやってくるのです。なんとそのゲストは、不倫のカップルだったのです。

女性の夫が、妻の不倫相手の男性を訴えたことから、事件は公になり、パットモアも証人として裁判所に呼ばれるかもしれない状況に。相次ぐ報道で騒ぎは大きくなり、彼女の宿は「不貞の宿」として知られることとなってしまいます。オープンしたばかりのB&Bには、予約のキャンセル依頼が相次ぎ、パットモアは窮地に立たされてしまいます。本業の仕事と、未来への副業、パットモアの頑張りを認めていた雇い主である伯爵家の面々は、パットモアを助けるために、一肌脱ごうとするのですが……果たして救済は成功するのでしょうか。

『ダウントン・アビー』の登場人物、料理人のパットモア。B&Bから出てきた彼女はパパラッチに狙われていました。

「ダウントン・アビー」全6シーズン ブルーレイ&DVDリリース中
発売・販売元：NBC ユニバーサル・エンターテイメント
©2010- 2015 Carnival Film & Television Limited. All Rights Reserved.
downtonabbey-tv.jp

ウィンクル家のB&B

ロンドンのヴィクトリア駅から約二〇分電車に乗り、ストラスハム・ヒルで下車。駅から徒歩五分にある便利な場所にあるウィンクル家。立派なヴィクトリア朝時代の煉瓦造りのセミデタッチドハウスが並ぶ道沿いに白くペンキで塗られた家は一八八五年に建築されたそうです。

実はこのウィンクル家は、B&Bとして日本の雑誌にも何度か紹介されています。B&Bだけでなく、素敵なガーデンを見ながらのアフタヌーンティーのメニュー提供もしています。

一階とガーデンは共用部分として宿泊中は自由に行き来できます。二階は夫婦のプライベートスペース、三階の二部屋にゲストルームが用意されています。この部屋は、もともとは子どもたちの部屋でしたが、独立して空き部屋となったため、ゲストに提供してくれているのです。

夫婦は三三年前にこの家を購入しました。家のサイズ、庭の大きさ、利便性すべてが気に入り購入に至ったそうです。現在は庭がとても素敵なのですが、購入した際は何もない状態でした。

三三年、手をかけた庭は四つのコーナーに分かれています。その中には日本をテーマにしたコーナーもあります。キッチンからコンサバトリー(ガラスで囲まれたサンルーム)を通ってガーデンに出られる作業用の動線と、ダイニングからガーデンテラスへ出られるゲスト用の動線……人を招くことを前提とした家造りが、居心地のいい空間を作り上げています。

B＆Bでは、時には家の鍵も渡してもらえることも。ホテルとは異なり、居住空間であるB＆Bは、その家の住人になったかのような気分を体験できます。

部屋には英国らしく、いつでも紅茶が飲めるようにティーセットが用意されています。

バンガロー

英国では平屋《ひらや》のことを「バンガロー」と呼びます。一般的にこのバンガローに住むのは高齢者という認識があります。

町を車で走っていると、時々平屋が建ち並ぶ区域があり、そこは主に高齢者が住んでいます。

高齢になってくると英国人は、無理に大きな家を維持しようとはせず、家を売り、バンガローか小さなテラスハウス、フラットに移り住みます。大きな家はメンテナンスが重労働で、庭の手入れも行き届かなくなってくるからです。

平屋の家が建ち並ぶ街並み。ここは高齢者用の住宅「バンガロー」です。

英国では、老後を子どもの世話になろうと考える人は少なく、まずは平屋の小ぶりな家に移り住み、できるだけ自力で生活するのが一般的な考えになっています。子どものいる人のなかには、子どもの家の近くに住んで助けてもらえる環境に身を置くこともありますが、基本的に同居はしません。高齢でも、あえて住み慣れた家を選び、平屋のバンガローを選択しない人もいます。その場合には、階段昇降機を付けたりして、対応しています。

安価なバンガローとして人気があるのが「パークホーム」と呼ばれる平屋です。プレハブの箱状の部屋を置いただけの家で、足元にはなんとタイヤがありますが、それは設置の際に使用するだけで、家が移動できるわけではありません。タイヤをブロックで隠して、基礎のようにし、一軒家に見えるように仕上げています。同じような家がトレーラーパークのように並べられているのが特徴です。

身近に助けをもらえる家族等のいない人は、民間の有料介護住宅を利用したり、地方自治体や住宅協会が管理する高齢者のための住宅である「シェルタード・ハウジング」に住んだりします。シェルタード・ハウジングとは六〇歳以上のまだ介護を必要としない自立した人が入れる高齢者のフラット住宅のことです。

パークホームは、平屋の簡素なプレハブ住宅です。

シェルタード・ハウジングはいろいろなタイプがありますが、敷地全体の植栽《しょくさい》や安全面の管理をしてくれる管理人がいること、二四時間通報システムがあるということ以外は、一般住宅と変わらないものが多いようです。同じような境遇の方が近隣に住んでいるため、コミュニティを形成しやすい点も、安心につながっています。

年齢や家族形態により、さまざまな家に住んできた英国人。その最後の家の選択も、これまたさまざまです。

バンガローに住む高齢者

英国で実際にバンガローに住み、老後を送っている、一人暮らしの女性を紹介します。

もともとこの女性は、ご主人とテラスハウスで二人暮らしをしていました。六〇歳の頃にご主人に先立たれ、夫婦には子どももいなかったため、寂しさと同時に将来への不安を感じたそうです。

そんなとき、民間の老人介護施設を敷地内に併設した、バンガロータイプの住宅地の宣伝広告を新聞の折り込みで目にしました。それは日本でいう有料老人ホームに近い住宅でした。敷地内中央には共同で使える食堂や、リハビリ施設等があり、そのまわりに独立したバンガロー住宅がたくさん並んで建っています。各バンガローには緊急用のブザーも完備されており、施設の人が二四時間体制で対応、健康面の相談にものってもらえます。

さらに一人暮らしが困難になった場合は、中央に建築されている介護施設に優先的に入ることができるシステムが整えられていました。彼女は当時六三歳でしたが、そのバンガローを終《つい》の棲家《すみか》に決め購入します。現在八三歳となった彼女は愛犬と一緒にバンガローで穏やかに暮らしています。

彼女の購入したバンガローの周囲には、同タイプのバンガローが一五二棟集合しているため、近隣で友人も作りやすく、施設主催のイベントも多いため、退屈はしないといいます。

この家は、高齢者向けに建てられたバンガローですが、家の中は居住者の居心地のよさを優先した空間になっています。美しい暖炉、光が入り、装飾がしやすい出窓、小さな庭がありガーデニングも楽しめます。驚くべきは浴室で、浴室の床には全面絨毯《じゅうたん》が敷き詰められ、可愛らしいソファーが置かれていました。浴室の壁には、彼女のお気に入りの絵が飾られ、室内には、美しい花瓶に庭で咲いた花も生けられています。

日本では高齢者用の住宅には、安全優先による過度な制限があるところがほとんどです。もちろん安全も大切ですが、高齢者用の住宅においても、部屋を自己表現の場とする感覚を忘れない、英国人の美徳には素直に感動しました。

入浴の時間が大好きという彼女が、この浴室で癒やされている姿が想像できます。

かやぶき屋根の家

英国の地方全土で見ることのできる何とも可愛らしい家「かやぶき屋根の家」。英国ではかやぶきのことを「thatch《サーチ》」というため、これらの家は「サーチハウス」と呼ばれています。かやぶき屋根は、スレート瓦や平瓦の出現によって、その地位を取って代わられましたが、この愛らしい家をこよなく愛する人びとも多く、一九八五年時点の調査で、イングランド全土だけでも約五万件が存在していることが認められました。そのため、かやぶき屋根の家は、今でも各地で目にすることができます。

職人によって屋根のトップ付近の模様が違うのも面白いところで、トップのデザインを見ると、どの職人かがわかるそうです。かやぶき屋根の家は、とても可愛らしいですが、管理はかなり大変です。ですので、家主は愛情と誇りを持ってこの家を維持しています。

屋根のトップには「はしばみ」の小枝を使った動物などの装飾が施されていることがあります。鳥や猿、ふくろうなどの動物が藁《わら》人形で作られてのっているのです。現在はメンテナンスをした職人の遊び心で制作されていますが、昔はメンテナンス代金の「未払い」を示すマークだったそうです。

家の形に合わせた、さまざまなカットラインのかやぶき屋根が見られます。まるでお伽話の中から飛び出してきたかのような愛らしさです。

かやぶき屋根のトップに設置された、鳥の親子の藁人形。さまざまな動物のモチーフがあります。

出窓もかやぶき屋根になっています。

Column

英国の家をモチーフにしたティーポット

愛らしいかやぶき屋根の家をテーマにしたティーポットが、一七七五年に創業した英国の陶磁器ブランド「エインズレイ」社から、発売されています。名付けて「英国の家シリーズ」、コンウォールに実際に建つ、かやぶき屋根の家をモデルに作られたティーポットは、

かやぶき屋根の家を象ったエインズレイ社のティーポット。

見ているだけでも胸がときめいてしまいます。同社からは、この他にも北イングランドのマンチェスターをイメージしたハーフティンバーの家や、湖水地方のスレートと漆喰壁《しっくいかべ》の家、コッツウォルズのハニーストーンの家など、英国の家をモチーフにしたティーポットが六デザイン展開されています。

　このティーポット誕生の秘話が何とも面白いので、皆さまにも紹介します。中国で開催されていた展示会で、日本のエインズレイ代理店の社長が「ロシアの家シリーズ」と名付けられたティーポットを見て、これの英国ヴァージョンができないか……と、英国の社員に相談をしたところ、家に対するこだわりの強い社員たちが、「ここの地方のこの家は外せない」「この地域の家ならば、屋根はこうではなくては」など次々に熱い想いを伝えてきて、最終的には家見学のドライブにまで連れて行かれた……と。仕事上、これまで何十回と英国を訪れていた日本のエインズレイ代理店の社長曰《いわ》く、このティーポット作りを通して、今までは何となく……で、見ていた英国の家の地域の違いに気づけたとのこと。

　英国の家談義をしながら、懐かしい旅行の思い出を語り合いながら、いつか訪れてみたい地域の家に想いを馳せて、こんな愛らしいティーポットで紅茶が楽しめたら、いつもの紅茶がもっとおいしくなりそうです。

チューダー様式の家。屋根部分はかやぶきになっています。

ミューズハウス

ミューズハウスの歴史は一七世紀に始まりそのピークは一九世紀でした。ミューズハウスとは厩舎《うまや》（馬小屋）のことで、一階が馬と馬車用で、その二階は御者《ぎょしゃ》やお付きの使用人が泊まれる宿泊施設でした。二階の一室には、馬の食糧の干し草が置かれました。

貴族や裕福な家庭にとってのメインの交通手段が馬車だった時代、都心の豪華なテラスハウスの裏手にはミューズハウスが多く建設されました。

ミューズハウスの外観は連続した住宅になっています。テラスハウスとの大きな違いは、ミューズハウスには玄関扉以外に、ガレージのような大きめの開口部があること。当時は馬車がその開口部から出入りしました。

雇い主が滞在している屋敷とミューズハウスの間にある庭の下にはトンネルがあり、屋敷の地下室とつながっていまし

ミューズハウスには、1階部分に昔馬車が出入りした広いガレージがあるのが特徴です。

当時の面影が残るミューズハウス。

た。使用人は外に出ることなく屋敷とミューズハウスの間を行き来することができました。

またミューズハウスは、庭に面する背面部には窓がないのが特徴で、使用人が主人たちの様子をのぞき見することができない造りになっていました。

ミューズハウスに面した道路は石畳になっている傾向があります。当時は今のようにアスファルト道路ではなく、土の道でした。石畳になっていることにより、泥を落とす効果と、馬の蹄《ひづめ》の音を聞き取りやすくする効果があったといわれています。

二〇世紀に入ると交通手段が馬から車に代わり、その用途の役目を終えたミューズハウスは住宅仕様へと改装され始めます。馬小屋として使われていたスペースは、ガレージや物置、部屋の一部として利用されています。

ミューズハウスらしいパーツとして、現在も人気なのが「ステーブルドア」という扉です。もともと馬小屋で、馬が頭だけ出せるように、扉の真ん中から上下分けて開くことができるように加工されたステーブルドアは、一般の家では玄関扉や勝手口の扉として使われています。網戸を付ける習慣のない英国の住宅では、換気をするときに小さな子どもやペットが家の外に出ないように、上部だけ開放できるステーブルドアはとても人気があります。玄関では上部の扉だけ開けることで、荷物の受け渡しができるため、防犯面でも評価されています。

ミューズハウスは、都心の好立地に存在するため、現在住宅としてとても人気の物件となっています。ミューズハウスはテラスハウスのように連続して存在しているため、それぞれの家主が、さまざまな色で外壁を塗装し、家の個性を出しています。英国らしい馬小屋の家、旅先でぜひ探してみてください。

都心のミューズハウス。主人たちが住まう大きなテラスハウスの裏に、馬小屋があったことがわかります。

ステーブルドア。上部と下部それぞれに開けることができます。

ボートに住む

　英国にはカナル（運河）が張り巡らされているのですが、そこには色とりどりの細長いボートの存在が確認できます。実は、英国には地上に建つ「家」以外の「住まい」があります。それがボートに暮らすという選択肢です。カナルは道のように、英国中に張り巡らされています。つまり、ボートに住めば、自由に好きな場所に移動することができる、移動式の「家」を持つ……ということになるのです。

　ボートで暮らす人びとは、一般的にマリーナに停泊スペースを借りており、そこで電気の充電や水の補給などメンテナンスを行っています。ボートは歩行程度のスピードしか出ないため、移動で使うというよりはのんびりと景色を変えながらスローライフを送っているようなもの。仕事で使う運河ではないため、スピードで追い越し追い抜かれるという殺伐《さつばつ》とした概念がなく、カナルの走行は本当にゆったりとしています。

ナローボートは、昔は石炭を運ぶ貨物船であったため、今でも工場の跡地付近にはボートの停泊ポイントが多く残っています。

　通行許可証はいりますが免許はいらないというのもボートの特徴。ボートをレンタルで借りることもでき、休暇にレジャーとして使う人も多く、観光客でも借りることができるシステムもあります。なかでも、二メートル幅のボートしか通行できないカナルを走る英国特有のナローボートは、とても人気です。

ナローボート

　ナローボートは、産業革命が始まる一七六〇年頃に貨物船の役割で登場しました。この時代、英国中の水路が発達し、一七九〇年にはイングランドの四大河川がカナルによってつながり、水路は道のように張り巡らされていきました。ナローボートは、都心の工場に石炭等を運ぶ手段で建造された船でした。エンジンがつくまでは馬が船を引っ張っていたため、水路の横には必ず小道があります。

　当時ナローボートで物資を運搬する人は、ボート内に住んでおり、家族四人がボートの前の部分の三畳ほどの空間に住んでいるという、かなり手狭な環境でした。ナローボートの住人は、低所得者層が多く、子どもを学校に通わせられない

運河の横には「トゥパス」と呼ばれる馬の歩いた側道がつきもの。現在は散歩道として人気です。

ナローボートの旅は春夏が人気。反対に秋冬は数多くのナローボートがマリーナに停泊しています。

ナローボートの居住空間はとても狭いものです。暖炉がある2畳ほどのダイニングキッチン、1畳ほどのベッドスペース。ここに家族4人が暮らしていたというのですから、驚きです。
（The Illustrated London News/1874年10月10日）

家庭も多かったそうです。全盛期は四万人が住んでいました。

やがてボートは役割を終えて荒廃し、使われなくなったカナルも腐敗してしまいます。しかし一九七〇年頃より復興し始め、ボートは住居空間と用途を変えて、新しい「住まい」としての注目を集めます。

ナローボートに暮らす

英国の運河の最小幅は二メートル以内のため、ナローボートしか通れません。どの運河も自由に行き来できる小型のボートをナローボート、またはカナルボートと呼んでいます。

ナローボートに住む六五歳の男性の生活をのぞかせていただきました。彼はフ

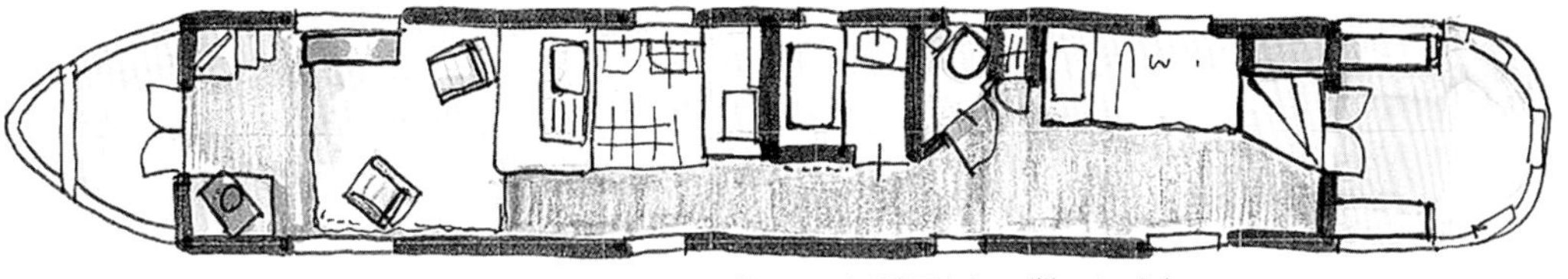

〈ナローボート内部〉ベッドルーム、トイレ、バスルーム、ダイニングキッチンなど必要なものが揃っています。

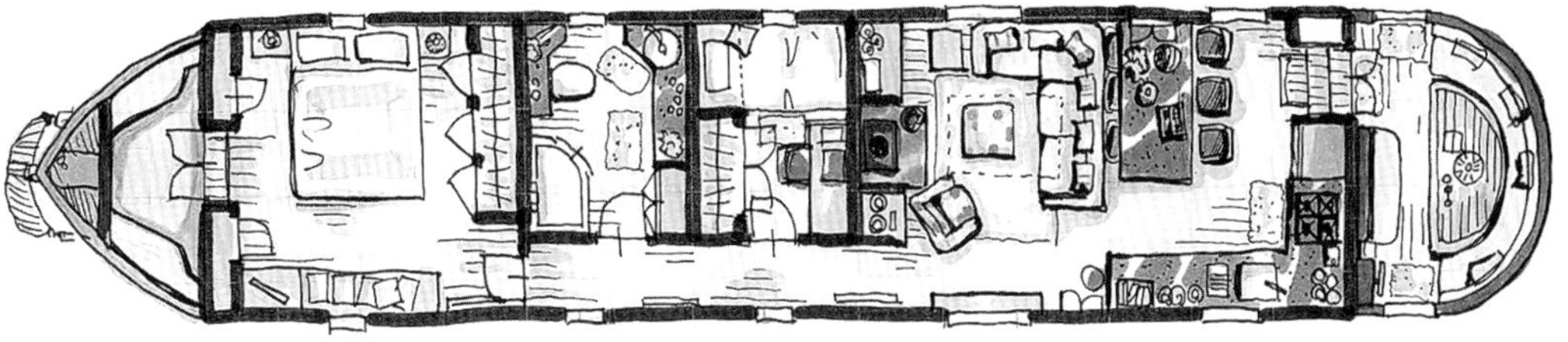

〈ワイドビーンボートの内部〉リビングダイニングキッチン、マスターベッドルーム、子ども部屋、バスルームなど、広々とした間取りが魅力。前後には外部テラスも設置されています。室内は細部まで作り込まれており、地上の家と変わらない快適な暮らしが実現できます。

リーランスの設備職人で、現在ナローボートで一人暮らしをしています。お酒が大好きな彼はナローボートでの生活を選んだ理由を「運河沿いにはいいパブがたくさんある。船なら飲酒運転にならないし、飲んでそのまま寝られるのが最高だ」と話します。ナローボートが貨物船の役割を担っていた時代、長旅の疲れを労《ねぎら》うために、運河沿いには多くのパブが建てられました。その名残で現在も運河沿いにはパブが多く存在するのです。自営業であり、自由を愛する彼は、運河でのボート生活を満喫しているようでした。

ワイドビーンボートに暮らす

　ナローボートの倍ほどの幅がある大きなワイドビーンボートも人気です。ただし走行は川沿いに限定されます。そんなワイドビーンボートで暮らす四〇代の夫婦と一三歳の息子と犬との生活を紹介します。この家族は、以前はウスター州のデタッチドハウスに住んでおり、所有するナローボートで長期休暇を利用し、よく旅をしていました。一年前にこの船を見つけて憧れのボート生活のスタートを決心します。通常はマリーナに船を停泊させており、息子さんはそこから学校に通います。ご主人の仕事は賃貸業で、いくつか所有している不動産収入で生計を立てているそうです。

　船内には一二畳ほどのLDKと夫婦のベッドルーム、息子さんの部屋、バスルームがあり、家として十分な設備が整っていて驚きます。リビングには暖炉もあり、セントラルヒーティングも完備され驚くほど快適なのです。

　旅好きのご主人は「荷造りしなくても家ごと旅できるなんて最高だよ」といい、窓から見える景色が常に変わっていくことが魅力で、「リラックスライフ、オープンライフ」と自らの暮らしを表現していました。

運河には高低差があります。そのため、「ロック」という水位を調整する閘門（こうもん）のシステムが設置されています。ナローボートの旅では、このロックを自分たちで開閉して進みます。ロックが連続している運河は、初めての人には少々大変ですが、それも旅の楽しみです。

英国の新築住宅

中古住宅が主流の英国ですが、もちろん「新築」物件も存在します。新築物件は基本分譲スタイルで販売され、注文住宅という形式は一般的ではありません。築一〇〇年未満の住宅を「新築」ととらえる英国人のなかには、新築物件を「BOX」と揶揄《やゆ》する人も多くいます。しかし若い人を中心に、メンテナンスに追われる中古住宅よりも、最初から高気密高断熱の住宅である新築を好んで求める人びともいます。

新興住宅地には、まとまった区画に同じビルダーが家を建てるため、街並みに統一感が出ます。築年数が浅い物件は、まだ緑が育っていないため、土地に溶け込みはしませんが、年月が経てば地域になじんでいくことでしょう。

コッツウォルズ地域の新興住宅地。ハニーストーンと呼ばれる蜂蜜色の石を使った家が並んでおり、街並みの美しさが保たれています。

新築物件の建設現場。

新築物件は、既存の家から浮かないように、外観のデザインや建材も周囲の家に同化させて建てられます。

Column

『ハリー・ポッター』新興住宅地にあるダーズリー家

J・K・ローリング（一九六五〜）の代表作『ハリー・ポッター』シリーズで、主人公のハリー・ポッターが人間界でお世話になっているのは、ハリーの母の姉が嫁いだダーズリー家。穴あけドリルの製造会社「グランニングズ社」の社長を勤める伯父バーノン・ダーズリー、そしてハリーの伯母ペチュニア・ダーズリー、その息子でハリーの従兄弟《いとこ》にあたるダドリー・ダーズリー、そして居候《いそうろう》のハリーの四人家族が住むダーズリー家はイングランドのサリー州リトルウィンジング・プリベット通り四番地と設定されています。

ロンドン郊外に二〇一二年にオープンした「ワーナー・ブラザーズ・スタジオツアー・メイキング・オブ・ハリー・ポッター」は、映画ハリー・ポッターが実際に撮影されたスタジオの本物のセットを自由に見学できる人気スポットです。このスタジオには、ダーズリー家の住宅のレプリカも展示されています。ダーズリー家は新興住宅に建つデタッチドハウスの設定。もちろんスタジオに展示されている家も新築で、その間取りも公開されています。四つのベッドルームは、伯父伯母が一部屋、従兄弟のダドリーが一部屋、親戚が泊まりにくる際に使うゲストルームが一部屋、そしてハリーの部屋……のはずが、ハリーは階段下の物置で生活をしていることになっています。ハリーの部屋になるはずの部屋はダドリーのおもちゃでいっぱいだからとか。ハリーがこの家で居心地の悪い思いをしてきたことを象徴する部屋割りです。

二〇〇二年に公開された映画『ハリー・ポッターと秘密の部屋』では、ダーズリー家のダイニング奥にコンサバトリーの存在も確認されています。そこには、椅子やテレビが設置されており、コンサバトリーがセカンドリビングとしての役割を担っていることがわかります。

通常は階段下のハリーの部屋のみが展示公開されているのですが、ハリー・ポッター『賢者の石』の映画化一五周年記念の二〇一六年には、一〇〇日間限定でダーズリー家の住宅の内部が一般公開されたそうです。

『ハリー・ポッター』に登場するダーズリー家。郊外のデタッチドハウスです。物語の設定では1977年に新築として購入したとされています。

第2章 地域によって異なる街並み

街並みの美しさ

ロンドン市内の風景。テラスハウスの1階部分は、店舗になっていることも多いです。

ライフスタイルにより、住居形態を変化させていく英国人は、さまざまな地域に移り住むことも人生の視野に入れています。若い頃は利便性のよい大都市、結婚後は郊外、そして老後は田園風景が広がる田舎町……と、地域をまたいで引っ越しを繰り返す人も珍しくはありません。休暇で訪れた地域に憧れを持ち、移り住む家族もいます。

家だけではなく、家が建つ街並みも、家の価値として重要視する英国人は、引っ越しを検討する際、地域性も考慮します。

日本と異なり、英国の街並みは、地域性が強く表れる作りになっています。私たちが、電車や車で英国を旅していても、車窓から眺めている風景が、地域を移動するとともに変化していくさまを、自然に見て取れるほどです。この章では、英国のさまざまな地域の街並みの特性、そしてその街並みを形成している要因を紹介していきます。心惹かれる街並みはあるでしょうか。

ロンドン市内のテラスハウスのプライベート・ガーデン。入口には鍵があり、テラスハウスの住人しか入れません。

黄色の煉瓦は、ロンドン付近の特徴的な建材。ロンドンらしい街並みを彩ります。

ロンドン南東の粘土で作られる「ストック・ブリック」。黄色に黒い斑点が入っているのが特徴です。

ロンドンにはヴィクトリア朝時代から、赤煉瓦のテラスハウスが増えました。

ロンドン中心の街並み

英国の首都ロンドンの街を形成しているテラスハウスは、複数の住居が連続している集合住宅です。テラスハウスは、一八～一九世紀にかけてロンドン市内に数多く建てられました。郊外に大きなカントリーハウスを所持していた貴族たちが、社交シーズンにロンドンに出向く際、都心の狭い家に住むことに抵抗があったことから、一つの大きな建物として見栄えがいいようにこうしたテラスハウスが多く建設されたのです。

多くのテラスハウスには地下があり、そこに光を取り入れるために、ドライエリアと呼ばれる空間を持ちます。つまり建物と道路の間には凹《くぼ》んだドライエリアがあり、玄関へは橋を渡るようにして入るのです。そのため、建物の前はアイアンの柵で仕切られています。その空間の凹凸《おうとつ》が街並みに奥行を感じさせ、さらに囲っているアイアンの黒いフェンスによって、玄関先に重厚感が演出されています。

また大きなテラスハウスには、必ずといっていいほど、向かいに庭園が配備されました。現在それらの庭は、公園として一般に開放される場合もありますが、テラスハウスの住人のプライベート・ガーデンとして使用されているケースも多くあります。

広い庭には大きな樹木や草花が植えられており、テニスコートを備えているところもあります。このようなプライベート・ガーデンは、密集する建物の圧迫感を取り除き、住民だけでなく通行人にとっても、心地よい街並み造りに貢献しています。

英国では古い煉瓦《れんが》を「ストック・ブリック」と呼んでいます。ロンドンのストック・ブリックは黄色い煉瓦をさし、地元の粘土から作られています。ヴィクトリア朝時代にはリバイバル建築が流行したため、赤煉瓦も多く使われています。時に見かける黒っぽい煤《すす》けた煉瓦は、ロンドンが石炭によるスモッグで大気汚染されていた時代の名残です。

建物の煉瓦の色と自然の緑、そして赤いロンドンバスなどが差し色となり、ロンドンの街並みは他で見ることのできない、唯一の雰囲気を作り出しています。

英国で最も美しい街と呼ばれる南東部海岸沿いのライの街並み。

南東部では屋根と同じく壁材として、粘土製の鱗形（うろこがた）の平瓦が使われています。

この地域では海岸に転がる石も建材として利用されています。

イングランド 南部・南東部の街並み

イングランド南部・南東部地方は、大学都市オックスフォードや、大聖堂の町カンタベリー、ドーバーの断崖《だんがい》、夏の保養地として知られたブライトンなど、バラエティに富んだ町が点在しています。

この地方は英国の玄関でもあり、国内やヨーロッパ、その他世界各地へのアクセスがしやすい場所としても知られています。ガトウィック空港、ヒースロー空港、ドーバー港、フォークストン港、ポーツマス港、サザンプトン港、そしてヨーロッパ大陸につながる海峡トンネルもあります。ロンドンからもアクセスしやすいため、日帰り旅行も可能な地域です。

海岸沿いに建ち並ぶ住宅には、海岸で採れる小石を使った装飾がよく見られます。小さな石は、外壁や、窓まわりなどに用いられ、独特の景観を作っています。また、この地域では煉瓦を壁や屋根に使う家が多く見られます。石灰岩《せっかいがん》もあるため、漆喰《しっくい》の家もよく目にします。

イングランドの南部・南東部には、高い木が少なく、赤煉瓦の屋根と白い壁の街並みは、遠目に見ると、とても明るく、海や空とのコントラストが美しく感じます。

小石を半分に割ってはめ込んだ「フリント」と呼ばれる仕様の塀。

南部の特徴である羽目板と平瓦の壁が使われた家。

イングランド南西部の街並み

イングランド南西部は九つの地域で形成されています。主要都市はブリストルとバース、その他にドーセット、デヴォン、コンウォールのような、のどかで景観が美しい観光客にも人気の地域が属しています。

南西部の家には「コブ」という技法を採用した土壁の家が多く存在します。粘土、藁《わら》、小石、石灰石のチョークを混ぜ合わせ、何層にも塗り重ねていく工程を繰り返す土壁は温かみのある雰囲気を作ります。

そしてコンウォールは、御影石《みかげいし》が採れるため、御影石を使った家が多く見られることで知られています。重量感と重厚感を感じる街並みですが、海の広がりと調和し、清々しい印象を与えます。

南西の海岸沿いにあるヴィクトリア朝時代の家。

さまざまなサイズに加工された石がパズルのように積み上げられています。

窓まわりや門、扉まわりに、大きな御影石が贅沢に使われているのはこの地ならではの特徴です。

大きめにカットされた石を使用した重厚感を感じる街並み。

コブの家。農家などにも多く見られます。

コッツウォルズの街並み

南西イングランドに位置する「コッツウォルズ」は日本でも英国の観光地として人気が高い地域です。コッツウォルズの丘周辺には、数多くの小さな村が点在しており、そこには蜂蜜色《はちみついろ》の「ハニーストーン」と呼ばれる石灰石を使ったとても可愛らしい住宅が建ち並んでいます。その街並みの愛らしさがコッツウォルズの人気の秘訣となっています。

植物を計画的に育てて自然装飾する可愛い家が多く見られます。

コッツウォルズは日本でも人気のモダンデザインの先駆者ウィリアム・モリス（一八三四〜一八九六）の愛した地域でもあります。彼は、「庭は家と周辺地域とをつなげるために建物がまとうものであり、家の一部として存在するべき」と述べました。「家」という人が造った人工物が庭を介して周辺の自然と同調していく……。草花をまとった蜂蜜色の家々は、たしかに自然と調和し、お伽話の挿絵のような美しい景色を作り出しています。年を経た家には、ところどころ苔が生え、新築物件が持ちえない味を感じます。コッツウォルズを訪れると、一〇〇年以上前にウィリアム・モリスが残した言葉が今も鮮明によみがえるのです。

しかし、この美しいコッツウォルズも最近は過疎化が進み、若者離れが問題になっているのだとか。六〇軒ほどの小さな集落バーンズリーで聞いた話によると、ガスとインターネット環境がないことから、住民に若者はいないそうです。

伝統的な田舎暮らしと、現代社会の利便性、英国でも日本と同じような問題が起きているようです。それでも、老後の永住の地に美しいコッツウォルズでの生活を求める人びとはまだまだ多く、比較的大きな村の物件は人気が高く、価格もうなぎ登りです。英国のチャールズ皇太子（一九四八〜）、もコッツウォルズのテットベリーに私邸を構えていることで知られています。

コッツウォルズのハニーストーン。外壁や屋根にも使われます。年を経るとやや黒みがかることも。

羊毛産業がさかんなコッツウォルズは、住民より羊の数が多いことでも知られています。

コッツウォルズの北部では、かやぶき屋根の家も多く見られます。

コッツウォルズには、築500年以上経つ、17世紀の家が多く残っています。

イングランド北部の街並み

ヨークシャーのホルム渓谷に広がる石造りの家。

壁の石や屋根のスレートは周囲の採石場から産出されたものを使用しています。

北イングランドにはマンチェスターやヨークなどの工業都市が点在しています。北イングランドは、世界に先駆けて機械化を推し進め、大規模工業化へと動いた産業革命の中心地でした。ヴィクトリア朝時代、大規模化した工場で働くため、多くの労働者階級がこの地域に住居を構えました。

もちろん、都市の郊外にはカントリーサイドも広がっています。一九五一年に英国で最初の国立公園となった「ピーク・ディストリクト」は湖水地方と並び、英国国内の旅行者が多い人気観光地として知られています。一二世紀以来増改築を続けられたマナーハウス「ハドン・ホール」は、中世を代表する建築として知られ、日本でも上映された映画『ジェーン・エア』（二〇一一）のロケ地としても使用されました。一六世紀に建てられたデヴォンシャー公爵のカントリーハウス「チャッツワース」は、映画『ある公爵夫人の生涯』（二〇〇八）のロケ地としても知られています。ドライ・ストーン・ウォーリング（六五ページ参照）で区切られた起伏に富んだ緑の平原に建つ家々には、砂岩であるこの地域独特の「ヨークストーン」が使われています。産業革命時に発展した工場から排出された煙の関係で、今でも壁が煤けて黒くなっている家も多く見られ、北イングランドならではの歴史を感じます。

天然石の風化は味わいとなり家に深みを与えてくれます。

郊外には大きなデタッチドハウスが点在します。

ソルテアの労働者階級用のテラスハウス。

湖水地方の街並み

湖のまわりに広がる自然が美しい湖水地方。

観光地としてコッツウォルズの次に有名な北イングランドの湖水地方は、イングランド北西部ウェストモーランド・カンバーランド郡・ランカシャー地方にまたがる地域の名称です。湖水地方には、氷河期時代の痕跡《こんせき》が色濃く残り、渓谷沿いに大小無数の湖が点在します。なかでもイングランドで最も大きなウィンダミア湖は一見の価値があります。一九五一年、湖水地方のほとんどの地域は「レイク・ディストリクト・ナショナル・パーク」に指定され、景観の保護が約束されました。

この風光明媚《ふうこうめいび》な自然に恵まれた地域は、イングランド有数のリゾート地・保養地として知られています。ピーターラビットシリーズの作者であるビアトリクス・ポター（一八六六〜一九四三）も幼少期からこの地域を夏の避暑地として家族で利用していました。ビアトリクス・ポターは、作家として活動し始めてから、湖水地方のニア・ソーリー村に移り住み、その後の生涯をここで過ごしました。この村から多くの物語を世に出し、そして湖水地方の自然の保護に努めました。ニア・ソーリー村には彼女が所持していた農場や家が今も残されています。

湖水地方の家には、現地で採れるエメラルド色やブルーグレー色の粘板岩《ねんばんがん》であるスレートが屋根や外壁に使われています。また漆喰壁の家も多く見かけます。雨が多く、曇空による薄暗さと、石の家も決して明るい色ではないため、壁を白く塗ることで明るくなるので好まれたようです。

石造りの家の中に混じって存在する、外壁が白く塗られた家。

壁材の石、屋根のスレートともに地場の石を使用した、この地方ならではの家。

新しい石は、角度によりエメラルド色に見えます。

採石場。これらの石が住宅を彩ります。

ウェールズの街並み

英国本土であるグレートブリテン島の西部に位置するウェールズは一三世紀にイングランドに併合され、一六世紀には法的にも統合されました。ケルト民族の文化が引き継がれており、英語とともにウェールズ語が公用語とされているため、ウェールズ内に入ると標識が二言語で表示されているのが見られます。

コンウィ城から見た景色。

町は主に北部と南部に集中し、人口の三分の二を南部が占めており、中央部には自然豊かな山岳地帯が広がります。ウェールズのなかでも地質は地域ごとに多種多様であり、さまざまな石造りの建物が見られます。北部に位置するコンウィの町では一三世紀に建てられた城跡と城壁、城下町が残っており、当時の面影を感じることができます。

全体的にゴツゴツとしたダークな色調の石造りの家が多く重厚感のある街並みですが、背の高い建物がないので空の面積を広く感じ、背景の緑の丘と、正面に広がる川が調和したとても美しい小さな町です。

シンボルの赤い竜が印象的なウェールズの国旗。

砂利のような細かな石で表面の壁を仕上げることを「ペーブルダッシュ」といいます。各地で採れる砂利で、さまざまな装飾壁が作られています。

標識はウェールズ語と英語の2言語で書かれています。

砕かれた石が埋め込まれた壁。

カーディフの町に建つ、装飾性豊かなテラスハウス。

エジンバラ旧市街のテネメントハウス。現在でもフラットとして使われています。

スコットランドの街並み

スコットランドは英国本土の三分の一の面積を占め、北部に位置します。中心都市であるエジンバラやグラスゴーでは、古い石造りの街並みでもロンドンとは違う印象を受けます。それはもちろん使われている石の素材の違いもあるのですが、建築物の高さから受ける印象もあります。

スコットランドには、古くから、比較的高い建物が多く建設されてきました。それは、イングランドにはあまりない、大型のテラスハウスをアパート式に区切り、フラットという形で切り売りする「テネメントハウス」呼ばれる住形態が伝統だったからです。テネメントハウスは、一七世紀の頃から存在し、階級に違いのある人びとが同じテネメントハウスに住むという、珍しい住居でした。ちなみに上層階には裕福な人、地下層に低所得者層が住んでいました。

イングランドでは、低所得者層も、狭く劣悪でも地上に接したテラスハウスを所有していたため、居住階を分け、区切られた部屋だけを所持するフラットの住宅概念はまだありませんでした。

スコットランドには、一八〜一九世紀にかけて建てられたテネメントハウスが多く残っています。それらの外壁は、「オールドレッドサンドストーン」という赤みのかかった砂岩と、「バフストーン」という黄色の砂岩が使用されています。ヴィクトリア朝時代以降は、煉瓦造りの家も多く見られるようになります。

エジンバラ城に続く通りにある旧市街地は、かつては人口過密で不衛生な環境ゆえに、多くの低所得者層が亡くなったことでも知られ、ゴーストツアーが多く組まれるほど暗い印象の街並みでした。しかし現在は観光地となり、昼間は賑わいを見せた通りになっています。建物に高さがあり、存在感のある石で囲まれた重厚感のある街並みは、スコットランド独特の文化財となっています。

グラスゴー郊外のデザイン性に富んだ家。

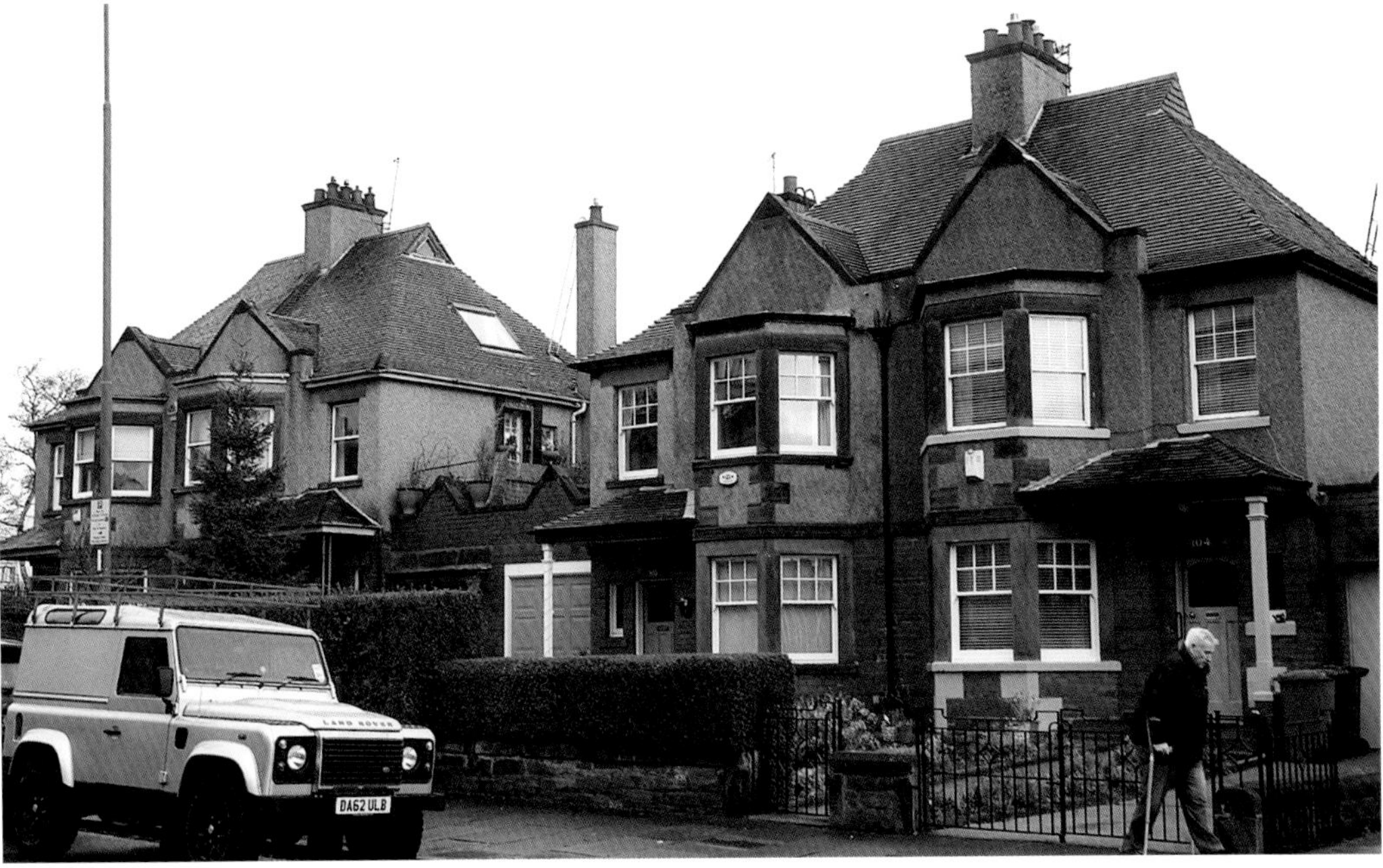

エジンバラ郊外の赤い砂岩のセミデタッチドハウス。

木造建築の街並み

1559年に建てられた「リトル・モートン・ホール」。木の補強材を装飾的に用いたこの手法は主にイングランド西部で人気になりました。

英国の家は石造りだから永久的に残り、日本の家は木造建築だから永年住宅ではない、そう考える方も多いかと思いますが、実は英国には中世に発展した町を中心に全国的に木造住宅が残っています。

　山が少ない英国では木材は希少価値が高く、贅沢な建材でした。ロンドンを焼き尽くした一六六六年のロンドン大火の後、政府は都市計画として、石造りの家を推奨しました。産業革命期に煉瓦の技術が発達してからは、木材は煉瓦にその地位を取って代わられましたが、今も多くの木造住宅が残されています。

　木造建築の特徴的な外観が、「ハーフティンバー」と呼ばれる手法。木軸とその間を埋める壁（漆喰や煉瓦）で建てられた建物のことを総称しています。この建築方法は、一五世紀チューダー朝時代（一四八五～一六〇三）に生まれました。

　ヴィクトリア朝時代に森林の豊かなアジアに植民地を多く持った英国人は、植民地にもハーフティンバーの家を多く建築したため、日本ではこのスタイルの家が「英国の家」の代表的なフォルムととらえる人も少なくないでしょう。

黒く塗装された木軸と漆喰壁とのコントラストが美しい建物。

チューダー様式の建物。縦の柱が多いほど、豪華な家といわれました。

柱と梁を組んだ形状が英語の「A」のように見える、「A」フレームの木造住宅。

ドライ・ストーン・ウォーリングの石垣。石垣も街並みを形成する大きな役割を担っています。

守られる街並み

「家を見ればその地域の特性がわかる」そう言っても過言ではないくらい、英国の家には地域の特徴や歴史が反映されています。英国には、昔からの家が多く残されているということもありますが、それまでその地域に建っていた家に、新築物件の雰囲気を合わせることや、修復時にも外観に規制を与えることで、街並みに統一感を持たせることを国が推奨してきたからこその地域性の継承ともいえます。

地域による街並みの色の違い

英国の地方を訪れるとその「街」ごとに「色」が違うことに気づきます。石が採れる地域ではその土地で採れる石を使った石積みの家が、そして木材資源の豊かな地域では、ハーフティンバーと呼ばれる木造建築の家が生まれてきました。ヴィクトリア朝時代に鉄道が通り、交通網が発達する以前は、その地で採れる建材を使って家を建てることは至極当然なことだったといえます。

そして世界中の建材を手に入れることができる現在、家の工法が変わっても、英国ではその地域の景観を保つべく地場の石や木材を使用し街並みの「色」を保つ努力がされています。その地域で採れるもので建てた家は景色になじんでいるから美しいのです。

コンサベーションエリア (Conservation Area)

英国では、地域特有の街並みを守るために「コンサベーションエリア」呼ばれる保全地区を制定する法律があります。最初の保護地区は一九六七年に指定されました。以来、九八〇〇か所ほどのコンサベーションエリアが追加されています。

コンサベーションエリアの目的は地域全体の景観、家の質を守ることです。取り壊しはもちろん、増改築をするのにも国の許可が必要になります。家の窓・扉

ロンドンの工事現場の安全シートには、街並みとの調和を保つため、建物の絵が描いてあります。

の変更はもちろんですが、家の屋根や、外側についている雨樋《あまどい》や排水用パイプなどもその対象になります。

　また、隣家との石垣やそれぞれの家の敷地内にある大きな木の伐採なども対象となり、コンサベーションエリアの景観に影響があるとみなされた場合は、住民が希望しても木を勝手に切ることができません。木も環境の質に大きく貢献していると考えられているのです。木の上部を少し切るだけでも地方自治体に六週間前に届け出なければなりません。

　増改築にあたっては、もともとの建材を使うことが義務付けられていますが、どうしてもそれが難しい場合は、元の建材により近い状態の建材を使うことが要求されています。コッツウォルズや湖水地方もこのエリアに指定されています。なかでもコッツウォルズは、二〇一八年現在、イングランドで一番多い一四四のエリアがコンサベーションエリアに指定されています。

　コンサベーションエリアの定義ですが、住宅そのものだけでなく、もっと広範囲に、「道」で指定されていることもあります。要は、その通り沿いにある家はすべてコンサベーションエリアに認定されることになるのです。英国の美しい街並みが保たれているのは、それだけの制限の中で、家を守り引き継ぐ人びとの努力の賜物《たまもの》なのです。

　また、これは法律とは異なる部分なのですが、英国では工事中の建物でさえ、街並みを崩さない配慮がされています。工事中の建物は安全のために、建物全体をシートで囲われます。日本ではたいてい、白または青のシートを建物にかけるのですが、英国で使われるシートは、本来そこにあるべき、建物の原寸大のイラストが描かれたシートが大半です。近くから見ればもちろんシートだとわかりますが、遠くから見たときには、まるでその建物が何事もなくそこに建っているように感じさせてくれます。工事期間中でも街の景観を守る……英国人の美意識の高さが感じられます。

街並みを形成する地域特有の建材

　では英国各地でどのような家を見ることができるのでしょうか。どこにどんな家があるのかは地質を示した地図に沿っていることがわかります（次ページの「英国の建材分布地図」参照）。たとえば、五〇〜五一ページで紹介したコッツウォルズで見られる可愛らしい蜂蜜色の石を使った家は、実はコッツウォルズでしか見られないというわけではありません。そこから大分離れたケンブリッジより北に位置するスキリントンという小さな村を訪れたとき、まるでコッツウォルズと同じような蜂蜜色の家が建っていたことに驚いたものでした。地図で確認するとその

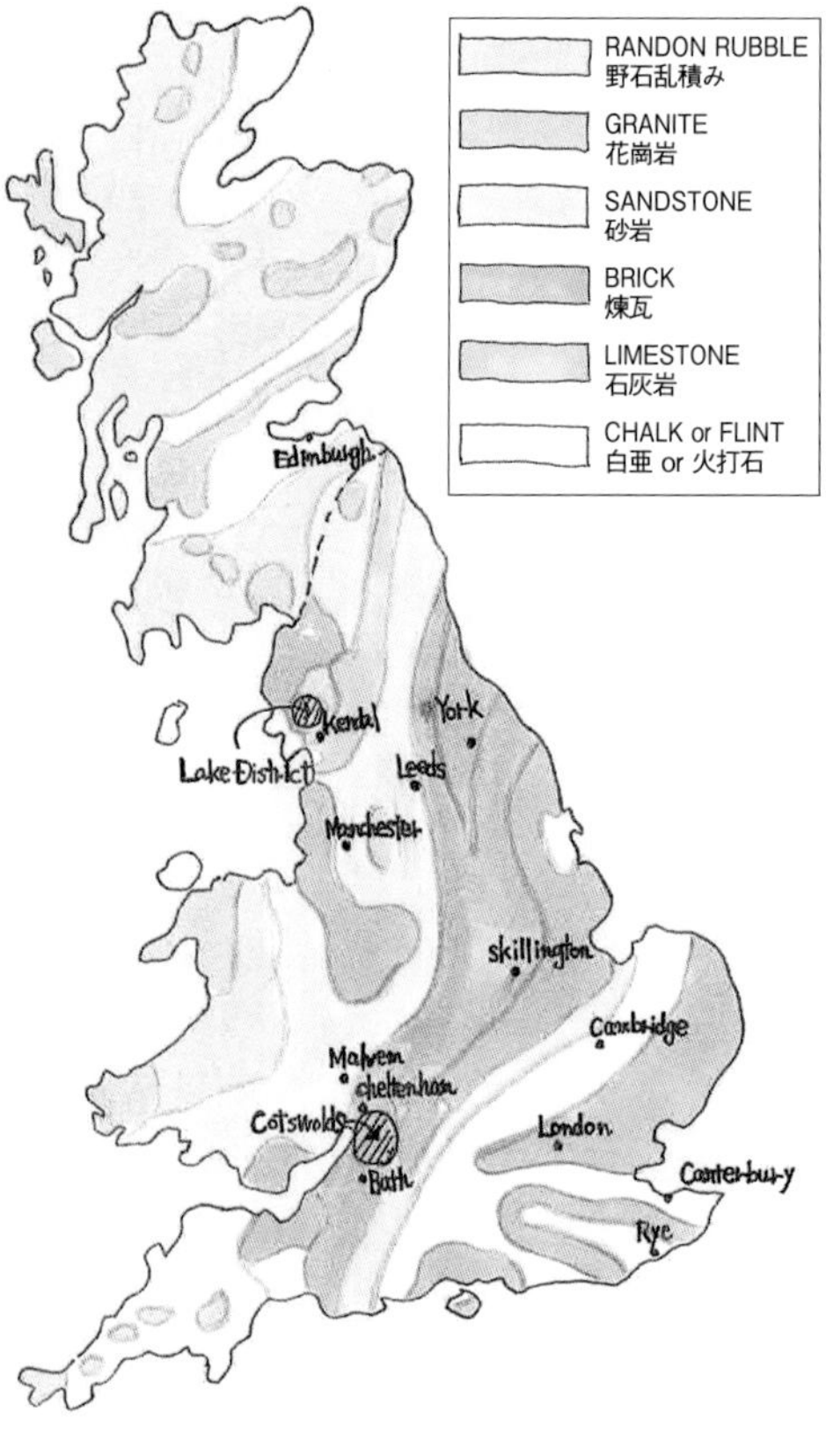

英国の建材分布地図

村はコッツウォルズからつながる地質の帯上に存在しているため、その村周辺では同じ質の石が採掘できたのです。ハニーストーンの家を見たい方は、この地質図に沿って旅をしてみるといいでしょう。

石の採れないイングランド南部には海岸沿いで採れる小石や、フリントと呼ばれる火打石を半分に割って、その断面を使った装飾的な家が見られます。

木材資源が豊富な南部では木造の家も多く存在しますが、壁面に平瓦を鱗《うろこ》のように引っ掛けた外壁の家が多くあるのも特徴です。これは、木造住宅を雨風から守るためのハンギングと呼ばれる技法です。イングランド南部以外にも、森林地帯のあるヨークを代表とするイングランド中東部や、ストラトフォード・アポン・エイヴォンからチェスターにかけての中西部にも木造建築の家は多く存在しています。

イングランド南部でも西端のコンウォール地方に行くとまた異なる地質が出現します。砂岩や御影石が採取できるため、重厚な家が立ち並ぶようになります。この地の御影石は、ロンドンでも使われているものと同じです。

北イングランドの湖水地方では粘板岩のエメラルド色のスレートが採れるため、壁や屋根の建材として使用されています。リーズ周辺の内陸部では、砂岩が多く採れるため、砂岩を利用した家が多く並びます。

その他にも、その土地限定でしか採れないような石が存在する町は多々あります。たとえばコッツウォルズの西にモーバン・ヒルと呼ばれる丘があります。その丘の麓《ふもと》に位置するグレートモーバンという町では、モーバン・ヒルの丘で採れる紫色がかった花崗岩を使った、ここでしか見られない家が存在します。

ウェールズも地域により採れる石が異なります。北部では花崗岩、中部では石炭系の石灰岩、南部ではペナント砂岩と呼ばれるグレー色の石などが採掘され、それぞれの石造りの家が各地で見られます。なかでも一九世紀末に粘板岩であるスレートの世界最大の採石場になったこともあり、屋根材はスレートが多く見られます。

スコットランドでは、オールドレッドサンドストーンという名の赤い砂岩の石が採掘でき、その石を使った赤みのかかった色の建物が多く建設されています。他にもバフストーンという黄色の砂岩も使用されています。

ドライ・ストーン・ウォーリングの上部を花壇にした例。

このように英国には、その地域の地質に沿った地域特有の建材が今も活かされていることがわかります。建材によっては今では採れない石も出てきており、その場合、それらを使った家の価値は高まっていきます。英国を訪れた際には車窓からの景色とともに、移り変わる家の色にも注目をしてみてください。

ドライ・ストーン・ウォーリング（Dry Stone Walling）

英国の地方に行くと街並みや田園地帯の風景を構成している欠かせない存在の「ドライ・ストーン・ウォーリング」と呼ばれる石積みの塀を目にします。ドライ・ストーン・ウォーリングは英国式伝統工法での石積みをさし、石をセメントなどで固めずに、石と砕石《さいせき》（石を細かく砕いたもの）のみで積む特有の技法です。日本では古くから城などに使われる「空《から》積《づ》み」といわれる工法に当たります。

利用する石の種類や用途は、地域によって多少異なりますが、ここではコッツウォルズでのドライ・ストーン・ウォーリングの積み方をご紹介します。大判の石をハンマーで一定の大きさに砕き、下から上へ大きいものから順番に積んでいきます。一列に積むのではなく、前後二列積みで、間に砕石を入れながら上に行くほど幅が狭くなるように積み、最後に大判の石で蓋をし、トップに下の石積みの重りとなる石を縦にして本を並べるように置いていきます。先が尖《とが》ることによって羊たちが、石垣を飛び越えることを防いでいます。この技術には資格試験もあります。

ドライ・ストーン・ウォーリングには粋な「規定」があります。もし、自分の敷地のドライ・ストーン・ウォーリングを羊たちが壊してしまったら、その持ち主は役所に電話をします。すると役所がその地方をまとめている石職人に連絡を取り、その石職人の手配により石積みが無料で補修されるのです。羊に罪はないということでしょうか。

家と庭を外部の敷地と自然をつなぐこのドライ・ストーン・ウォーリングの役割は、街並みの景観を統一させる一助になっていることは間違いありません。

風合いの出たドライ・ストーン・ウォーリング。小さな隙間は小動物の出入り口になっています。

Column

地域による暮らしの違い『北と南』

ヴィクトリア朝時代の工場跡地。

エリザベス・ギャスケル（一八一〇～一八六五）により書かれた小説『北と南』（一八五四～五五）は、タイトル通り英国の南部の暮らしと、北部の暮らしを対比させて描いた物語です。工業の発展した「北」と、田園の広がる「南」での価値観の違いが物語の軸になります。

一九歳のヒロイン、マーガレット・ヘイルは「南」の太陽が輝き、田園地帯・緑が広がるヘルストンの町を愛していましたが、英国国教会の理念と相容れなくなった父が牧師を辞めたことにより、曇《どん》天《てん》のうえ工場が多く、荒《すさ》んでいるように見える「北」の工業都市ミルトンへの引っ越しを余儀なくされます。この移住に伴うさまざまな生活様式や意識の隔たりなどが物語に描き出されています。

ミルトンの町は工場が立ち並び、道路は綿を運ぶ荷馬車があふれかえり、人びとが歩道に群がり、煉瓦造りの小さい家屋の中に濃霧が白い渦巻のように入ってくるというような風景。南部からやってきたマーガレットには、受け入れがたく何もかも違う生活に戸惑うばかりでした。また彼女は、商業・工業労働者に偏見を抱いていたせいで、工場の経営者ジョン・ソーントンに初めて会ったときも、高慢な印象を与えてしまいます。しかし貧しい労働者の家族に出会い、彼らと親しくなることでしだいにミルトンでの生活に慣れていきます。

そんな折、工場の労働者たちがストライキを始め、ソーントンの屋敷に押し寄せるという事件が起こります。その様子を見ていたマーガレットはソーントンに「話し合いで彼らを説得するように」と促します。そして一部暴徒と化した者たちが屋敷になだれ込むのを見て、マーガレットは身を呈《てい》しソーントンを守ります。もともと気になる存在であったマーガレットが、自分のためにしてくれた行為に、ソーントンは彼女への愛を自覚するのです。

北に住む者、南に住む者の価値観の違いが二人の恋愛にも影響を及ぼしていきます。その後、二人はどんな歩み寄りを見せていくことになるのでしょう？

この話は英国のBBCでドラマ化もされていますので、物語の結末とともにぜひ、北と南の街並みの違いにも注目してみてください。

公営住宅の歴史

英国人はインテリア雑誌に出てくるような素敵な住宅に住んでいる、そう思い込んでいる日本人は多いかもしれませんが、現実はそれだけではありません。英国の一般の労働者の多くは、日本の都心の暮らしと変わらない、時にはそれよりも不便な住生活を強いられていることもあります。ここでは英国の公営住宅について紹介します。

ロンドン郊外の公営住宅。手前の壁の落書きから治安の悪さもうかがえます。

英国の公営住宅の始まり

英国の公営住宅（Council house）は一九世紀後半に労働者階級の劣悪な住居状態を改善するために国や地方自治体が取り組んだのが始まりでした。この頃、産業革命により大都市では人口増加による住宅不足、伝染病の流行、治安の悪化が問題となっていました。階級社会であった英国では一部の有産階級を除いては労働者の住環境に対して関心を持つ人は少なかったのですが、一八三二年にコレラが大流行したことで、多くの人がその弊害を被るようになってから、国として問題をとらえるようになりました。

初めての公営住宅の提供は一八八〇年です。これを機に政府や地方自治体が住宅仕様に介入することとなりました。その結果、ロンドンをはじめ、主要都市の住宅が劣悪な状態であることが明らかになり、住居法が制定されます。

一九〇〇年に入ると各都市もロンドンに続き公営住宅の建設に乗り出しました。一九一九年以降に造られた公営住宅は、キッチンとリビング、三部屋の寝室を所有し、バスルームや屋内トイレも設けられました。しかし一九三〇年頃までは外部に共同トイレが設置された住宅もあったようです。その頃の公営住宅には広めのバックガーデンがあり、野菜栽培などの自給自足が推奨されました。現在公営住宅の一部は民間に売却され、一般の人が購入しているケースもあります。

一九三〇年代には、地方自治体が都心部に残る一八七五年以前の劣悪な住宅の撤去を進めますが、第二次世界大戦によって計画が止まってしまいます。戦後はプレハブ造りのバンガローが大量建設されました。スチールフレームの建物は早期建設には有効でしたが、一〇年住宅と考えられました。このバンガローは床面積が二九平方メートルまでという決まりがありましたが、水洗トイレとボイラーやセントラルヒーティングも備えていました。

公営住宅の高層化 ブロックフラット

一九五〇～七〇年の中頃は、さらに住

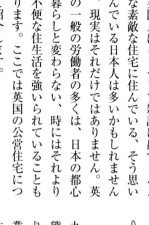

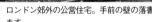

宅需要を満たすため新規公営住宅の建設が進められます。英国人は、「家は土地から生えている」と信じているため、低層住宅を好むにもかかわらず、マンションの形態を持つ「ブロックフラット」が多く建設されました。そのなかでも六階以上の建物に多く補助金が当てられたため、高層住宅「タワーブロック」は建設のピークを迎えます。

高層タイプの労働者用のブロックフラット。外観は簡素です。

しかし一九六八年にロンドンで、二二階建ての高層住宅のガス爆発事故で、多数の死傷者が出たことをきっかけに、一〇階建て以上の高層住宅の着工は少なくなりました。国民の高層住宅への不満も一気に高まり、一九七五年の調査では九六・三パーセントの居住者が高層住宅を去りたいと考えるほどで、一九九一～九四年にかけて、このような高層住宅の多くが解体されました。しかし大都市部では、高層住宅は通勤の便など利便性がある場所にあるため、たくさんの人が住める貴重な拠点とも考えられ、今も存在し続けています。

治安の悪さは、街並みからも感じることができます。

扉の前にアイアン格子を施し防犯に努めています。

ところが二〇一七年に再び、公営の高層住宅での悲劇が起こりました。一九七四年に完成した「ランカスター・ウェスト・エステート」の二四階建てタワー棟「グレンフェル・タワー」で火災が起こり、七〇名に上る死者が出てしまったのです。日本では高層住宅の最上階に住んでいると聞くと、高所得者層のイメージがありますが、グレンフェル・タワーの住民の多くは国の援助を受ける低所得者層でした。これから英国で、高層住宅に対してどのような措置がとられていくのかが気になるところです。

労働者の持ち家を推奨

一九八〇年には、マーガレット・サッチャー（一九二五～二〇一三）の政権下、公営住宅入居者に、住宅を特別価格で購入する権利が与えられました。住民は、市場価格の三三〜五〇パーセント割引で住宅を購入できました。ここから得た資金で政府は新規住宅の投資をしたのです。この制度により多くの労働者が自分の家を持つことができるようになりました。しかし良好な物件は売れ、不良な物件は残るという現象が起きてしまうのは当然でした。現在も生活保護などを受ける低所得者層は、管理がいいとはいえない公営住宅を利用しており、その周辺は治安もよくないのが現実です。

ウォーターフロントの空き倉庫をリノベーションした「コンバージョンフラット」は若者に人気です。

　地域性は地元住人には熟知されていても、観光客にはわかりづらい部分があります。その判断の仕方としては道端に落ちているゴミや、落書き、家が雑然として手入れがされていないというところで気づくことができます。また、玄関扉の前にアイアンの防犯用格子扉がある家の地域も目安となります。

ウォーターフロントの開発

ロンドンにある倉庫やオフィス等を集合住宅へ用途変更する建物が増えています。工場跡地などの廃墟は治安も悪化するため、再生することのメリットは大きいといえます。既存の建物を活かした再生方法は、政府から補助金も受けられるため、企業が注目しています。

　立地条件のいいウォーターフロント沿いの再生集合住宅は、デザイン性も内装の質も高く、最新のトレンドを求める人びとにとって、人気の高い物件となっています。

新しい街並み計画

　産業が発達した一八〜一九世紀の労働者に与えられた住宅は劣悪な状態にありました。工業化に伴い労働者は都心部に集中し、彼らには過密化した不衛生な家が与えられました。

「バック・トゥ・バック」という壁一枚を背中合わせにしたテラスハウスが、多く建てられたのもこの頃のことになります。ローコストで多くの人が暮らせるということで量産されました。バック・トゥ・バックの住宅は、一つの窓からしか光が入らず、風が通り抜けなかったため、伝染病を招き、社会問題となりました。バック・トゥ・バックは一九〇九年に建築が廃止されました。

ソルテアのテラスハウス。基本設計は1階にリビングとキッチン、２階に３つのベッドルーム、バックガーデンにトイレが設けられていました。

模範的街造り

その後、国家の力の底上げをするには、労働者階級の生活環境を改善する必要があるという考えから、住宅の改善が進みます。そんななか、労働者の住環境の向上が配慮された、企業家による模範的街造り、モデルビレッジが登場します。現在、世界遺産としても登録されている北イングランドの「ソルテア」という町です。この町は一八五三年に作られました。織物工場を営む実業家のタイタス・ソルト（一八〇三～一八七六）は労働者が働きやすい生活環境を整えるために、多くの住居を作り、学校、病院、教会などの施設を完備して労働者の生活を保障しました。

また、映画『チャーリーとチョコレート工場』（二〇〇五）のモデルとなったといわれるキャドバリーチョコレート工場の二代目経営者であるジョージ・キャドバリー（一八三九～一九二二）も従業員の劣悪な住環境を改善すべく、バーミンガムに土地を購入し、「ボーンヴィル」というモデルビレッジを造りました。住宅以外の土地七五パーセントを庭園とする町で、労働者が野菜等の栽培ができるとともに、景観や労働者の余暇の充実も考えられました。

ガーデンシティーの考案

そして、都市と田園風景を一体化させたガーデンシティーの構想の先駆けになったといわれる町が「ポート・サンライト」です。石鹸会社リーバ・ブラザーズ（一八八五／現・ユニリーバ）を創立したウィリアム・ヘスケス・リーバ（一八五一～一九二五）は一八八七年にリバプールの近郊に工場労働者用のモデルビレッジを計画しました。リーバは「人間には仕事が終わった後にリラックスできる家の存在が重要」と述べました。快適な住環境は労働者に安らぎと活力を与え、明日への労働意欲につながると考えたのです。住環境が充実すると、労働者たちは質のいい仕事をし、それにより工場の生産性も上がる……という、理想的な循環を生み出します。

ポート・サンライトには、一つとして同じデザインの建物がありません。特徴としては同じ形の連続したテラスハウスではなく、一つの大きな一軒家に見えるデザイン性豊かなテラスハウスが多く存在します。ポート・サンライトの住宅は、複数のデザイナーがそのデザインを手がけ、のちに有名になる建築家も生み出しています。さまざまな様式が用いられていますが、地域の特色である素材を生かしたハーフティンバーや煉瓦のデザイン

ポート・サンライトのテラスハウス。9棟のテラスハウスだと一見わからないような三日月型のデザインになっています。

パウンド・ベリーの街並み。ジョージアン時代の三日月型テラスハウスのオマージュと思われるデザインです。

を多く採り入れたため、地域性にも合い、街並みも高く評価されました。

そして英国での初めてのガーデンシティーとなった「レッチワース」がエベネザー・ハワード（一八五〇〜一九二八）によって一九〇三年に実現します。今までと違うのは、企業家によるものではなく、田園都市を運営する会社による自立型の都市開発というところです。そこには先にあげた企業家のキャドバリーやリーバも取締役として参加しています。設計者のレイモンド・アンウィン（一八六三〜一九四〇）はウィリアム・モリスに傾倒していたため、アーツ&クラフツの思想に影響された建物が建設され、見た目の上でも英国らしさを保つことになりました。

アーバンビレッジ運動

第二次世界大戦後より近年にかけては機械化が進み、安くて質の悪い住居が目立つようになります。それに警鐘を鳴らしたのが、チャールズ皇太子の著書『ア・ビジョン・オブ・ブリティン』（一九八九）でした。その思想は国民の支持を受け、「アーバンビレッジ運動」となりました。アーバンビレッジ運動は、「地元の材料を使い、歩行者を優先とした風景と調和された伝統的で持続可能な街造り」という理念のもと推進されています。チャールズ皇太子の領地で一九九三年から開発されているロンドン南西に位置するドーセット州「パウンド・ベリー」が実現の場となっています。一番古いエリアは建築からすでに二五年経っており、三〇〇〇戸以上の家で人びとが生活しています。地域性を考慮したデザインと工業製品を制限した街造りは今も続いています。

第3章

様式による家の選択

建築様式の歴史

英国の家は、時代ごとにそれぞれの特徴があり、時代によって建築様式も分けられています。英国人は、この時代様式を意識して家を選択する人が多く、建築様式に関して最低限の知識を自然に持ち合わせている人が大半です。自分の家がいつの時代様式の建築なのかを知らない人はまずいないといっていいでしょう。

時代ごとの建築様式の特徴がわかると、その家がいつの時代に建てられたものなのか、外観で判断できたり、内装を想像できたりすることもあります。

建築様式の流行の背景には、歴史的な流れや、人びとの暮らしの変化があります。この章では、英国特有の建築様式が生まれた歴史をひもときながら、各時代様式の建築建材の特徴を紹介していこうと思います。

チューダー・ジャコビアン様式（一四八五〜一六六〇）

チューダー・ジャコビアン様式とは、王位継承問題により長く続いていた薔薇《ばら》戦争の終結により誕生したチューダー王朝から、スチュアート王朝のジェームズ一世（一五六六〜一六二五）の治世の間に流行した様式をさします。「ジャコビアン」とは、ジェームズをヘブライ語でジャコブと呼ぶところからきています。この時代はヘンリー八世（一四九一〜一五四七）による宗教改革やエリザベス一世（一五三三〜一六〇三）によるスペイン戦争との勝利といった英国の基礎を築いた王が君臨していた時代で、王の権威はとても強いものでした。建築は富の象徴とされ、住居に財力が投資されていくことになり、家は家族と日常生活を過ごすプライベートな空間から、他人を家に招きコミュニティを育むという社会的な役割を担うオープンな空間へと変化していきます。そのため、家の間取りにも、オープンな空間とプライベートな空間といった仕切りができるといった変化も生まれました。

英国の建築というと煉瓦《れんが》や石造りの家をイメージすることが多いですが、一六世紀頃までは木造住宅が主流でした。この時代の木造建築は、木の間、柱の間に編み枝や泥壁を塗り込んだハーフティンバーと呼ばれた外観が特徴で、日本でもこの特徴を取り入れた家をよく見かけます。

ハーフティンバーが特徴のチューダー様式の建物。

チューダー・ジャコビアン様式の建材の特徴

石の固定枠に鉛格子付きガラス

16世紀以降、領主の家の中心には、石造りの縦や横の桟の内側から菱形の鉛の格子に、ガラスがはめ込まれたものが固定された窓がつけられるようになります。雨だれ防止のため、窓の上に冠型の石細工がついているのも特徴です。一般住宅では17世紀頃から普及します。当時はガラスがまだ高価で、引っ越す際はガラスを次の家に持参したそうです。

張り出し窓

領主の家など、富裕層の家に用いられた窓です。ホール奥の主人のいる場所に設けられました。

格子窓

ガラスがまだない縦格子窓という名の開口部が多くの家で使われました。雨は木雨戸や油を沁み込ませた布で防いでいたそうです。現存しているものには、今は内側からガラスがはめ込まれています。

オークパネリング

オーク材で作った四角のフレームを連続で壁に装飾する技法。

一つ一つのパーツを組み合わせて製作している手の込んだ壁装飾です。

フレーム内に布を織ったような縦の彫り模様が装飾されたオークパネルは「リネンフォールド」と呼ばれています。

木製扉

厚みのあるゴツゴツした縦の板材を裏から固定した木製扉が主流です。アイアンの釘や木の紐材でシンプルな装飾が施されています。

跳ね出し工法（オーバーハング）

上層階が下の階から張り出した木造建築物で、張り出した部分はジェティと呼ばれます。２階部の室内スペースを広く確保できることで人気になりました。

クリスマスプティングを運んでいる女性の頭上には、跳ね出し工法（オーバーハング）が見て取れます。(The Illustrated London News Christmas Number / 1897年)

外部木装飾壁

裕福な家では外壁の木組でできた四角の枠内に同じく木材でデザインした装飾をはめ込みました。

暖炉

裕福な家では紋章の施された石造りの大きな間口の暖炉が見られます。一般の家では長い梁で大きな間口部を支える暖炉を使用しました。

梁

梁と小梁に渡された2階のフロア板が天井として見えているスタイルが一般的でした。

装飾天井

16世紀後半から、天井に幾何学的な天井装飾を漆喰などで施す家が増えました。

チムニーポット

チムニーポットの数は家の暖炉の数を表していたため、富の象徴となりました。暖炉が一般的になり、煙突が外壁側に作られるようになると、煙突の高さを上げる必要性が出てきました。豪華なねじり式のチムニーポットは「チューダーチムニー」と呼ばれました。

装飾階段

ジャコビアン後期、17世紀半ばになると宮殿のような建物では繊細な木彫りの装飾が施された階段が見られるようになります。

階段の親柱のトップに植物、フルーツなどを絡めた芸術的な装飾も見られるようになります。

Column

チューダー様式の家 ウィリアム・シェイクスピアの家

後世の世界中の作家に大きな影響を与えた英文学を代表するウィリアム・シェイクスピア。一五九〇年代前半からロンドンで劇作家として活動を始め、数々の悲劇、喜劇、ロマンス劇を発表。エリザベス一世を魅了していたほどです。

シェイクスピアの生家。16世紀半ばに建てられたとされます。

そんな文豪シェイクスピアの生誕の地として有名なのがストラトフォード・アポン・エイヴォンというエイヴォン川のほとりにある素敵な街です。ここにはシェイクスピアの生家やシェイクスピアにゆかりのある人びとの家が保存されており、当時の様子を知ることができます。

ハーフティンバーの外壁が特徴のチューダー様式で建てられたシェイクスピアの生家は、人気の観光スポットにもなっています。

家の中はまるで時が止まったかのようでリビング、ダイニング、キッチン、シェイクスピアの父親の手袋屋の仕事部屋、シェイクスピアが生まれたと言い伝えられるベッドルームなどが再現してあります。部屋に敷き詰められている石床も当時のままなのですから、まさに時代の息吹を感じることとなるでしょう。ここには一八世紀からシェイクスピアのファンが見学に訪れていたそうで、二階には、この家の歴史や一九世紀にここを訪れた、有名作家や著名人の署名が残された窓ガラスが展示されています。

ストラトフォード・アポン・エイヴォンにはシェイクスピアの生家だけではなく、ニュー・プレイスというシェイクスピアが晩年を過ごした家の跡、シェイクスピアの娘とその夫が暮らしたホールズ・クロフトがあります。また近郊のショッテリー村にはシェイクスピアの妻アン・ハサウェイ（一五五五～一六二三）の実家のコテージや、シェイクスピアの母親の実家の農場などもあり、シェイクスピアが暮らした時代の建築や家具に興味のある人には必見のスポットが目白押しです。どの建物にも当時の衣裳を身に着けたガイドがいて説明を聞くことができるので、チューダー朝にタイムスリップした気分で散策を楽しんでみるのもよいでしょう。

ホールズ・クロフトはシェイクスピアの娘が住んでいた家。オリジナル部分は1613年築です。

「ザ・サーカス」と名付けられた円形型のジョージアン様式のテラスハウス。

ジョージアン様式・リージェンシー様式（一七一四〜一八三七）

一七一四年から一八一一年の、ジョージ一世（一六六〇〜一七二七）からジョージ三世（一七三八〜一八二〇）が統治していた時代に建てられた建築がジョージアン様式です。英国の富と人口が飛躍的に増加し、建築の面でも黄金期を迎えた時代です。この頃英国は絶対王政ではなく、「君臨《くんりん》すれども統治《とうち》せず」といった立憲君主制《りっけんくんしゅ》での政治が行われていました。国の権力は王室よりも議会政治にかかわる人びとに移り、徐々に富を得ていった彼らは豊かさの象徴として家を建設します。

この頃、英国では上流階級の子息たちがヨーロッパ周遊をする「グランド・ツアー」が大流行します。グランド・ツアーに参加した貴族の子弟たちは、外国でさまざまな人物、場所、文化、芸術にふれて帰国します。とくにギリシャ、ローマの建築に魅了された彼らにより、ルネサンスの影響を受けた一六世紀のイタリア建築を模したジョージアン様式が流行します。

ジョージアン様式は左右対称を基本とした洗練されたデザインが特徴です。この時代、建物の地下にも居住空間が拡張され、キッチンや、使用人たちの作業部屋として使用されるようになります。

当時の社交の場の中心部でもあった英国西部の町バースは、町全体がジョージアン様式となっており見事な景観です。バースの町に建てられた緩やかな湾曲を描く三日月型《クレッセント》の巨大なテラスハウスは、ロンドンの街並みにも大きな影響を与えました。

リージェンシー様式とは、病により国を統治できなくなったジョージ三世の代わりに息子のジョージ四世（一七六二〜一八三〇）が摂政皇太子（プリンスリージェント）として務めた一八一一年から一八二〇年の間を中心に、その前後を含めた期間に流行した様式のことをいいます。

ジョージアン様式建築を基本に、時代によりフランスのロココ、東洋のシノワズリー、英国の植民地であったインド、アフリカ、エジプトのデザインなど、異国のデザインをミックスさせた華やかで派手な色彩の建築は、折衷《せっちゅう》様式、帝政様式とも呼ばれています。

扇型窓（ファンライト）

玄関窓の上に取り付けられた扇型のはめ殺し窓です。当時の玄関ホールは、細長く薄暗かったため、明かりを取り入れるために生まれました。長方形の外形フレームの中に扇型のデザインが組み込まれていた初期から、扇型の外形フレームの中に装飾性豊かなアイアンワークを施されたものへと発展しました。

6枚パネル扉

上段に小さなパネル、中段に大きめのパネル、下段に中段より少し小さなパネルを2列はめ込んだ6枚パネルの扉が流行します。マホガニーのような高級木材は素材を磨いて素地を生かし、それ以外の木材はペイントで仕上げられました。下段中断のパネルは十字架を、上段のパネルは開いた聖書をモデルにしたデザインともいわれます。

上下窓（サッシュウィンドウ）

木製でできた上下窓の上げ下げ窓。サッシュの重さと同じ重りが窓枠内に仕込まれており、上部の滑車を通してロープでつながり、滑車の原理で軽く上げ下げ動作ができる仕組みになっています。1774年に法律でサッシュ枠が外壁ブロックより内側にはめ込まれるように定められたため、ジョージアン後期は窓が外壁より引っ込んでいるのが特徴です。

窓位置が壁からセットバックする規定前の初期ジョージアン窓。

モールディング

壁と天井継ぎ目に通すまわり縁に、石膏や漆喰などで作られた装飾がされるようになります。卵型のものや歯形のデザインが流行しました。

アイアンワーク

リージェンシー様式からの大きな特徴がアイアンワークです。玄関ポーチや、2階の窓に装飾としてのベランダに取り付けられました。繊細なデザインのものが多数生まれました。

階段装飾

19世紀にかけては、アイアンの柱にマホガニーの手すりを載せたデザインが主流になります。リージェンシー様式になると、よりアイアンワークが繊細になりました。

オーバー・ザ・ポスト・スタイルと呼ばれる、階段の１段目の手すりが渦巻き状から始まるデザインが流行します。

ペディメント

ローマ建築の三角形の切妻壁で、大きな建築物だと円柱と一緒に建物中央の張り出し部分に使われました。テラスハウスなどの玄関扉や窓の上の装飾としても使われています。

円柱

オーダーと呼ばれるローマ建築の伝統的な円柱が、室内外の装飾に使われるようになります。石材や大理石からできており、室内では仕切りとして活用されました。

やかんの蒸気を観察しているジェームズ・ワット（1736〜1819）の後ろ側の窓には、上下窓がはめ込まれています。(1874年版)

地下と半地下

ジョージアン時代のテラスハウスは地下を持っており、右の写真のように1階の出入口と道路は橋を渡るようなポーチを通ってつながっていました。リージェンシー時代は地下が半地下となり、左の写真のように１階の床高が上がったため、出入口をつなぐ橋は階段式になりました。入口前に階段があるかないかで、様式を見分けることができます。

Column

ロバート・アダム・スタイル

一八世紀の英国の建築様式に大きな革命をもたらした建築家の一人にスコットランド出身のロバート・アダム（一七二八～一七九二）がいます。

彼はフランスやイタリアに遊学し、イタリアの芸術家であり建築家のジョヴァンニ・バッティスタ・ピラネージ（一七二〇～一七七八）との親交により多大なる影響を受けます。

当時は、ポンペイやギリシャ遺跡の発掘作業が進展していたため、古代ローマ、ギリシャ文化が大流行していました。

当時の高名な建築家は、教会や宮殿などの公共建築物のみを対象に活躍する人が多かったのですが、彼は個人の住宅を中心に仕事を広げていきました。古代建築の様式を取り入れたジョージアン様式で、ケドルストン・ホール、オスタリー・パーク、ケンウッド・ハウス、サイオン・ハウスなど数々のカントリーハウスを建築しました。

アダムは、家の外装からインテリアの細かい部分までも自らがデザインしました。

大理石など石材の多用、天井や壁に施された漆喰装飾、曲線を使った出窓、薄いドーム、正面に堂々とそびえ立つ円柱、浅く凹《くぼ》んだアーチ。また花綱飾りや楕円状のデザインやメダリオンなども多用したデザインは、彼の名前をとってアダム・スタイルとも呼ばれました。アダムのデザインは陶工家ジョサイア・ウェッジウッド（一七三〇～一七九五）をはじめ、あらゆる芸術分野の人びとに影響を与えたといわれています。

繊細な薄い石膏による装飾が特徴的。

ペールカラーに半円の凹んだニッチも特徴。暖炉まわりも石膏装飾が施されます。

ロンドンで流行した赤煉瓦のヴィクトリアン様式のテラスハウス。

ヴィクトリアン様式（一八三七〜一九〇一）

ヴィクトリアン様式は一八三七年から一九〇一年の六四年間、ヴィクトリア女王（一八一九〜一九〇一）の統治時代に建てられたものをいいます。一八世紀後半から始まった産業革命によって、英国は「世界の工場」、「日の沈むことがない国」とも言われた大英帝国の絶頂期にあたり、人びとの生活水準も急激なスピードで豊かになっていきます。工業化による社会変化に伴い、農業に従事していた田舎の人びとが、ロンドンやマンチェスターなどの工業都市に労働者として移住したことにより、都市部の人口が増加し、その結果、住宅需要も急激に上昇します。

建築様式がリバイバルされ、ミックスされた折衷様式であるのが特徴です。バロック、ジャコビアン、ジョージアンなど過去の建築様式の魅力がよみがえり、さまざまな様式を取り入れたヴィクトリアン様式の家は、ジョージアン様式の左右対称なデザインとは異なり、左右非対称や凹凸も多くなりました。デザイン性も豊かになり、内外ともに装飾も多く、華やかに魅せるスタイルが流行します。

そんななか、とくに流行したのがゴシックリバイバルです。ヴィクトリア女王が敬虔《けいけん》なクリスチャンだったので、国内にはかつてないほどの宗教熱が高まり、宗教精神を最もよく表現している建物は、中世のゴシックスタイルであると考えられるようになり、ヴィクトリアンゴシックと呼ばれる中世回帰に注目が集まったのです。英国国会議事堂はその代表的な建物です。

華やかな印象のヴィクトリアン様式のデタッチドハウス。

４枚パネル扉

4枚のパネルがはめ込まれた扉が主流となります。1880年頃になると上の２枚にガラスがはめ込まれたデザインも登場します。

象嵌《ぞうがん》タイル

ゴシックリバイバルで復刻した装飾用のタイル。模様を彫り込んだ型枠に、異なる色の粘土を詰め込み、圧縮焼成した耐久性に優れたタイルです。

玄関ポーチ

建物より凹んだスタイルが見られるようになります。

ヴィクトリアンフロアタイル

セラミックタイルを幾何学模様にパターン展開した床タイル。30種類近い色と形を組み合わせ、豊富な美しいデザインを生み出すことで人気になりました。クリーム色、赤色、茶色、黒色を基本色とし、のちに緑色や青色も加わりました。主に玄関ホールやリビング、外部ポーチで使われています。

飾り破風板《はふいた》（バージボード）

切妻屋根の軒に取り付けられている破風板材の装飾。ピアスワークや、曲線など、精巧なデザインが施されました。

ポインテッドアーチ

中世のゴシック様式の装飾である、先が尖ったようなポインテッドアーチと呼ばれる形状の玄関扉や窓が多く見られました。

エッチンググラス

ステンドグラスや色ガラスとともにエッチンググラスが使われるようになります。玄関扉や階段ホールなどで使用されました。

屋根の棟の装飾テラコッタ

屋根のトップに装飾性豊かなテラコッタタイルを被せることが流行しました。そして切妻の先端には石や、金物、または精巧に彫刻されたドラゴン等の動物をのせました。

ブリックパターン

赤煉瓦の中に灰色の煉瓦を使い菱形を描いたパターンが流行りました。チューダー朝時代の裕福な家で見られたスタイルの復刻です。多色を使った煉瓦の帯の装飾も、この時代特有のデザインです。

出窓（ベイウィンドウ）

ヴィクトリア朝中期に窓にかかる税金が撤廃となったため、人びとは大きな窓を求め、張り出した出窓が普及しました。

リンクラスタ

エンボスのある壁紙で主に玄関ホールで使われました。通常の壁紙より分厚く耐久性もあり、洗える壁紙として人気になります。凹凸に光が当たると美しい陰影が演出される点も魅力でした。ヴィクトリア朝時代は、腰壁までの装飾的な植物柄のデザインが好まれました。

鱗《うろこ》屋根

単調な屋根を装飾性豊かにするために、平瓦の屋根材に、魚のうろこのような形の平瓦を使用し模様を作る屋根のデザインが人気となりました。

左上：12世紀に建てられたハドンホール城。右上：中世には、オークパネリングの部屋に大きなタペストリーを飾ることが流行します。

Column

ゴシック小説『ノーサンガー・アビー』

一八世紀半ばから一九世紀にかけて、英国では中世文化、とりわけゴシック文化への関心が急激に高まり、「ゴシックリバイバル建築」が生み出されます。社会のゴシックへの関心は、文学の世界にも影響し、ゴシック小説が流行します。

ゴシック小説の舞台は、中世の古い城や修道院などが定番で、そこで起こるさまざまな怪奇現象がテーマになっています。秘密の扉や隠し通路、開けてはいけない扉、入ってはいけない塔など、「開かずの間」があるというのがゴシック小説の重要なポイントです。

一八一七年に発表されたジェーン・オースティンの『ノーサンガー・アビー』の主人公は、そんなゴシック小説に魅了された一七歳の平凡な少女キャサリン。彼女はリゾート地のバースで知り合った友人から、ゴシック小説を紹介され虜《とりこ》になります。さらにバースでは、素敵な男性に出会い恋に落ちます。その男性の家にキャサリンは招待をされるのですが、彼の実家が中世の時代から受け継がれている古城「ノーサンガー・アビー」と知り、彼女はより心を躍らせます。

ノーサンガー・アビーのゴシック建築を見たシーンはこのように描写されています。「キャサリンは、芝生から初めてノーサンガー・アビーの建物全体を眺めると、予想をはるかに超えたその堂々たる姿に圧倒された。建物全体が大きな中庭を取り囲み、四角形を成した建物の二棟は、ゴシック様式の装飾をふんだんに施されて、とりわけ壮麗な姿を際立たせていた」。

しかしキャサリンは、ゴシック小説の読みすぎで、ノーサンガー・アビーの城内を案内されている間にも、あらぬ妄想ばかりをしてしまいます。あの扉の奥には何があるのかしら、裏庭には何が隠されているかしら？　終《つい》には男性の父が、男性の母を殺したのではないか……と、ありもしない思い込みをしてしまいます。そのことから、彼女と男性の恋はとんでもない方向に転がっていくのです。

彫刻が施されたオークパネリング。この装飾からもいろいろな想像が膨らみそうです。

Column

ヴィクトリアンタイルの魅力

中世ゴシックの再興運動により、中世時代の教会建築の建材として多用されたタイルが、さまざまな陶磁器窯で復元されるようになりました。ヴィクトリア朝時代、タイルは、飾りとしてだけではなく、衛生環境に貢献する建材としても注目されました。

英国の国会議事堂、教会や官庁の床、ホテルや駅舎、店舗、病院などには、美しいヴィクトリアンタイルがはめ込まれました。もちろん一般住宅では、それは贅沢《ぜいたく》なことでしたが、中産階級者の住宅では、家の顔となる玄関のアプローチ部分、玄関ホール、部屋のフォーカルポイントとなる暖炉まわり、最新式の浴槽まわりなどに、富の象徴としてタイルが珍重されました。単独で絵柄が完成したもの、連作で複数の枚数で絵柄が完成するものなど、タイルのデザインはさまざまです。タイルはまだ贅沢品だったこともあり、実用性だけでなく、装飾性も求められました。

大きなタイルだけでなく、「ヴィクトリアンフロアタイル」、「モザイクタイル」と呼ばれる小さなタイルも、ヴィクトリア朝の建築に欠かせない建材として人気を博しました。

ヴィクトリアンフロアタイルは、その名の通り、ヴィクトリアンスタイルの建物に多用される床タイルです。小さなタイルを組み合わせることで、好みのままにオリジナルの幾何学模様を作ることのできる、とてもユニークな建材です。最初は美術館や博物館のエントランスホールに使用され、しだいに、一般住宅の玄関ホールや玄関まわりに使用されるようになりました。ロンドンにあるヴィクトリア&アルバートミュージアムの中廊下

タイルで彩られた見事な教会の床。

モザイクタイルで装飾された廊下。

植物柄のモザイクタイル。

階段の壁にまで施された贅沢なヴィクトリアンタイル装飾。

幾何学的な模様のヴィクトリアンフロアタイル。

の床はすべてヴィクトリアンフロアタイルで覆われています。

モザイクタイルは、装飾用の小さなタイルをさします。一センチ角と小さく作られたタイルで模様を作ります。少し大きめのタイルを割って、その破片で模様を作っていくこともあります。職人の技術力と時間が必要なタイルのため、住宅デコレーションの最高峰ともいえる贅沢品でした。英国でもロンドンのナショナルポートレートギャラリー、大英博物館の入口などにも、モザイクタイルは使用されています。

このような需要から、英国は世界一を誇るタイル生産国に成長します。イングランド中西部シュロップシャーのアイアンブリッジ峡谷に位置する「ジャックフィールド タイル博物館」には、ヴィクトリア朝の最高レベルの装飾タイルがコレクションされています。

なかには、国会議事堂の建築にかかわったオーガスタス・ウェルビー・ノースモア・ピュージン（一八一二〜一八五二）のデザインしたタイル、モダンデザインの父と呼ばれたウィリアム・モリスが考案したタイルもあり、来館者の目を楽しませています。

Column

ドルトン建材の魅力

ヴィクトリア朝時代の中産階級者が憧れた建築建材の一つに、一八一五年ジョン・ドルトン（一七九三〜一八七三）が元の雇い主から引き継ぎ起業したドルトン社の建材がありました。

ドルトン社では一八三〇年頃より建築建材の製作に力を入れ始めました。煙突の陶管、煉瓦、ガーデン用の壺などテラコッタで作られた建材は多くの公共事業に採用されました。一八三〇年代末からは化学産業用の陶製品、浴室関連の衛生陶器の製作、一八四〇年代後半からは水道管、配水管、下水管の製造にも着手します。英国の大都市の地下にはドルトン陶器が張り巡らされました。

ロンドンのランベス地区にあったドルトン社の工場には蒸気機関で稼働する七〇もの窯が設置されていました。生産が拡大化したドルトン社は一八七七年、公害問題を避けるため、大型の作品を製造する工場をイングランド中部スタッフォードシャーのストーク・オン・トレントに移転、ランベスでは装飾性のある小型作品の製造を継続しました。現在もランベスには、ドルトン社の本社社屋が残されています。外観を彩る煉瓦、そして色とりどりの装飾タイルで覆われた芸術品のような壮大な建物は現在レンタルオフィスとして活用されているそうです。

ドルトン社の黄金期を支えた二代目社長のヘンリー・ドルトン（一八二〇〜一八九七）は、一八九七年ロンドンの自宅で亡くなった後、ウェスト・ノーウッドの墓地に葬られました。彼の眠る霊廟はドルトン社の煉瓦とテラコッタで装飾建築されており、グレードⅡの建物に指定されています。

ドルトン社の旧本社ビル。タイル装飾が見事な建物です。

グレードⅡに指定されたヘンリー・ドルトンの墓。

Column

外観と内装で異なる時代の建築を楽しむ シャーロック・ホームズ博物館

今もなおドラマ化や映画化され続けるアーサー・コナン・ドイル（一八五九〜一九三〇）の探偵小説シャーロック・ホームズシリーズ（一八八七〜一九二七）。そんな彼の名前がついた「シャーロック・ホームズ博物館」がロンドンにあります。小説のなかでホームズが住んでいたとされるベイカー・ストリート二二一B。ヴィクトリア朝当時、この通りには二〇〇番を超える番地はなく、あくまでも架空の設定だったのですが、ホームズの人気によりのちに番地が作られてしまったのですから驚きです。

　博物館はグレードⅡに指定されている一八一五年に建築されたリージェンシー時代のテラスハウス。五階建ての大きな物件です。一八六〇〜一九三四年までは、貸し物件として実際に使用されていました。外壁の煉瓦の色は、ロンドンらしく黄色がかり、上げ下げタイプのサッシュウィンドウ、奥行のないアイアンのベランダ、そして地下のドライエリアとの境に配置された美しいアイアンの柵。リージェンシー様式の特徴が感じられる立派な建物です。玄関には時代の特徴である六枚パネル扉が使用されています。

　しかしいざ建物の内部に入ると、そこはリノベーションされたヴィクトリアン様式の空間美が広がります。室内の壁はマットなスモークカラーに塗られ、階段の腰下の壁はエンボス壁紙リンクラスタも使われています。ヴィクトリアンの時代に普及した贅沢品の絨毯《じゅうたん》、カーテン。小説で描かれるホームズとワトソンの生活が忠実に再現された空間となっています。ホームズたちの世話をしていた大家のハドソン夫人が住んでいた一階部分は、現在はホームズ関連グッズの売り場になっています。二階はホームズとワトソンの書斎兼サロン。三階はワトソンの部屋、四階は彼らが解いた事件の様子が蠟《ろう》人形で再現されています。五階には旅に出ることが多かったホームズらしくスーツケースが置かれ、屋根裏には当時の化粧室も。下から上まで……テラスハウスの全貌を楽しめる内容になっています。

左上：博物館の内装のインテリアは、ヴィクトリア朝の時代に統一されています。
右上：リージェンシー様式のシャーロック・ホームズ博物館の外観。半地下、ベランダのアイアンなどから時代がわかります。

ホームズとワトソンの部屋が再現された空間。ホームズファンの聖地となっています。

アーツ&クラフツの建材の特徴

個性的なアーツ＆クラフツのデタッチドハウス。

アーツ&クラフツ（一八八〇～一九一〇）

ヴィクトリア朝時代後期、工業化の進歩により建材や家具などが機械で大量生産されるようになり、素材や職人の技が重要視されなくなってきたことによる反発から、職人の手仕事による作品の美しさを推奨しようというアーツ&クラフツ運動が起こります。この運動の中心人物は、英国の芸術家、デザイナーであるウィリアム・モリスでした。彼は伝統的手法と材料を使って最高の品質のものをめざしました。モリスの活動は、その後、多くの建築家やデザイナーに多大なる影響を及ぼしていきます。

　アーツ&クラフツ・スタイルの建物の特徴は、ゴシックとチューダー様式の要素に遊びを加えたものが多く、玄関ドアや金物一つにしてもその家のためだけに職人により手作りされた、ある意味一点物のハンドメイドアイテムで建てられた高級住宅といえるでしょう。

シンプルな扉

パネル割りをせず、厚板を垂直にして縦の紐材で凹凸を付けただけのシンプルで重厚感のある扉が流行します。上部にガラスが入る場合は、色付きガラスがよく利用されました。

ステンドグラス

窓の上などに設置されました。アーツ＆クラフツの建物で見られる手のこんだステンドグラスはデザイナーが特別に手がけていました。植物柄をイメージしたデザインが主流です。

といの集水器

縦とい、横といの連結部分にある集水器は金属細工でできていて、年号や植物模様、オーナーやデザイナーのイニシャルが型取られたデザイン性の豊かなものが作られました。

壁紙

プリントではなく、木板による手印刷の凝った壁紙が人気でした。オフホワイトやクリーム色の上に単色のデザインを乗せるシンプルなものから、ウィリアム・モリスが好んだような植物柄のテキスタイルが人気を博します。

取手

扉のノブや取手、蝶番（ちょうつがい）などに、鋳鉄（ちゅうてつ）を黒で塗装した物、真鍮（しんちゅう）などが利用されました。植物モチーフが主体で、厚い板の扉には横長に蝶番がデザインされました。

手作り感あふれる家具、装飾に囲まれた部屋。壁装飾にはタイルも使われています。
（The Building News /1876年11月17日）

小窓

幾何学的な形のものや、円形の小窓が人気になりました。

暖炉

木のフレームで組まれたシンプルな暖炉には、上部に飾り棚がつきます。両脇に棚がついているような造作家具が流行りました。炉の部分は鋳鉄で、両脇には、タイル装飾が施されました。

Column

アーツ＆クラフツ「レッド・ハウス」

モリスの愛したレッド・ハウス。

ウィリアム・モリス、詩人にして作家、インテリアデザイナー、染色工芸家、翻訳家、出版プロデューサー、装丁家、社会主義者、環境保護や歴史的建造物保存の運動家……多彩な顔を持つ人物でした。一八五九年、モリスは結婚を機に、友人のフィリップ・ウェッブ（一八三一～一九一五）に新居の設計を依頼します。モリスとウェッブは、一八六〇年自分たちの理想を託した赤煉瓦造りの家「レッド・ハウス」を現在のロンドン・ベクスリー区の一角（当時はケント州）に完成させます。「世界で一番美しい家」と呼ばれたレッド・ハウスにふさわしい家具調度類を……と、彼らは家具もデザインすることにします。

産業革命によって可能となった大量生産で市場に氾濫《はんらん》する俗悪な製品を嫌悪した彼らは、中世に範をとり、手仕事とアートを融合《ゆうごう》させる芸術活動「アーツ＆クラフツ運動」の先駆けになっていきます。一八六一年からはダンテ・ゲイブリエル・ロセッティ（一八二八～一八八二）、エドワード・コーリー・バーン＝ジョーンズ（一八三三～一八九八）なども、レッド・ハウスの内装にかかわるようになり、モリスをはじめとした七名の設立メンバーは、室内装飾の一切を扱う「モリス・マーシャル・フォークナー商会」を起ち上げます。

しかし、モリスはたった五年でレッド・ハウスを手放すことになりました。仕事が評価され、ロンドンでの所用が増えてくると、レッド・ハウスの立地が大きな負担となっていったのです。当時の最寄り駅からロンドンまでは片道四時間近くかかったそうです。そして所持していた株が暴落したことにより、会社の経営が苦しくなり、レッド・ハウスの維持が贅沢なことになってしまったことも原因でした。「レッド・ハウス」は、モリスのために建てられた、最初にして唯一の家となりました。

自然に囲まれたレッド・ハウスを訪れると……理想に燃えていたモリスやその仲間の情熱に包まれるような気がします。「役に立たないものや、美しいとは思わないものを家に置いてはならない」モリスの言葉は現在の私たちにも投げかけられているのではないでしょうか。

Column

アーツ&クラフツの家を巡る物語『フォーサイト家物語』

一九二一年に刊行された『フォーサイト家物語』は、ノーベル賞作家ジョン・ゴールズワージー（一八六七〜一九三三）の長編連作小説。二〇〇二年には、グラナダTVが『フォーサイト家　愛とプライド』というドラマを製作しました。

物語の舞台は一九世紀末のロンドン。資産家フォーサイト一族の長男ジョリオンは商売人の一家のなかでは風変わりな、芸術を愛する男でした。彼は娘ジューンの家庭教師に恋心を抱き、地位も財産も投げ出し、妻と娘を残して駆落ちをします。その九年後、分家の長男にあたるジョリオンの従兄弟ソームズ・フォーサイトは、保養先で出会った美しい女性アイリーニに一目惚れ、求婚をします。芸術を愛するアイリーニと、絵画を投資の対象としか見られない商売人のソームズ。性格の不一致を感じつつも、経済的な事情で苦しい立場にあったアイリーニは彼との結婚に応じ、ロンドンにやってきます。

しかしアイリーニは夫を生理的に受け入れられず、しだいに心を閉ざしていきます。妻を盲目的に愛するソームズは、妻の愛を手に入れようと、ロンドン郊外のロビン・ヒルに大きな土地を買い、新居を作ることを決めます。建築家には、従兄弟の娘であり、アイリーニと仲が良かったジューンの婚約者であるポシニーを起用。彼はアーツ&クラフツの思想を持つ新進の建築家でした。

ポシニーのこだわりで、家の建築は難儀し、予算もどんどん膨らんでいきます。さらに芸術について語り合うにつれ、アイリーニとポシニーは急速に惹かれ合い、道ならぬ関係に……。丘の上に建つモダン建築の家。家と裏腹に崩壊に向かっていく夫婦。ロビン・ヒルの家は、建築予算が見積もりを超え、妻を寝取られた恨みも重なり、ソームズはポシニーを起訴することに。裁判に負けたポシニーは財産を失い、失意のまま夜の街を歩き回り不幸な事故に巻き込まれてしまうのです。

ポシニーの遺作となったロビン・ヒルの家は、その後もフォーサイトの一族に継承されることになり、物語の重要なキーポイントとなっていきます。

扉1つにも手作り感が漂うアーツ&クラフツの装飾。

美しい植物柄のステンドグラスからは、優しい光が差し込みます。

エドワーディアン様式のセミデタッチドハウス。

エドワーディアン様式（一九〇一～一九一八）

エドワード七世（一八四一～一九一〇）の即位から第一次世界大戦が始まるまでの期間の建築は、エドワーディアン様式と呼ばれます。ヴィクトリア朝時代は、謹厳《きんげん》なヴィクトリア女王の性格や宗教熱の高揚から社会道徳が厳しかったのに対し、エドワード七世の時代は、彼の陽気で自由な気質が影響してか、比較的道徳観念のゆるい風潮となりました。

英国社会は、新しく始まったばかりの世紀を第一次世界大戦が始まるまでの束の間、優雅に自由と繁栄を謳歌《おうか》することができたのです。ある意味、最高の品質の英国住宅が建てられたのは、そんなエドワーディアンの時代ともいわれています。

建築も様式に対しての激しい論争もなく、より自由に折衷主義の建築が建てられ贅沢な快適さが求められました。ただし近代化への推移もあり、デザインは比較的シンプルな傾向となっていきました。

エドワーディアン様式の建材の特徴

屋根の棟の装飾テラコッタ

屋根のトップに装飾性豊かなテラコッタタイルを被せることがヴィクトリア朝から流行していましたが、そのデザインはエドワード朝に入りシンプルになりました。切妻の先端には鶏冠（とさか）の形をした装飾が見られるようになります。

飾り破風板

ヴィクトリアン様式のような精巧なデザインは下火になり、シンプルな板材だけの装飾に変化していきました。切妻のトップから破風板の下まで支柱が釣り下がったようなデザインが特徴です

ダブルハング

上げ下げ窓は今まで1枚だけを上下させることができましたが、この時代からどちらの窓も上下移動をさせることができるようになります。最も流行していた窓のデザインは上が6枚ガラスで下は2枚ガラスのものでした。

ポーチ

玄関ポーチまわりを木細工で装飾した家が多く見られるようになります。デザインされた木製パネルや、凹凸のある支柱を並べたような垂れ壁で玄関扉を引き立てています。そのほとんどは白でペイントされています。

バルコニー

玄関や出窓の続きでその上に手すり格子がデザインされているバルコニー空間は、フレンチドアで室内外をつないでいます。木製であり、ポーチの装飾と揃えたデザインが美しく、ペンキ塗装で仕上げられています。

装飾扉

より装飾的で複雑なパネル割りになっていきます。上下と横3列に分けたパネリングの上部にガラスやステンドガラスがはめ込まれたデザインの扉が人気でした。その他にはパネルの縁取り装飾を、より複雑に強調したデザインや、4角の上に半円を乗せた形のパネルワークにガラスをはめ込んだもの、それをさらに分割して複雑にしたものなど種類は豊富です。

タイルポーチ

幾何学模様でデザインされた白と黒のタイルが玄関までのアプローチに使われています。玄関ホールでも白黒のデザインが流行りました。

ヘリンボーン貼り

18世紀初頭に人気のあったオーク材等を使った寄木のフローリング貼りが復刻します。魚の骨の形状に似ていることが語源の由来です。

Column

明かり取りの窓ドーマー

ドーマーとは家の屋根裏空間に光と風を取り入れるために有効な窓の形状のことです。語源は中世のフランス人が「ドミトリー」と呼んでいた寝室の意味からきているそうです。

ドーマーを取り付けることで屋根裏の空間も広くなります。その形状はさまざまで、屋根面の中に作られるか、外壁面の続きで作られるかのどちらかで、大きさも仕上げ方も多様です。

ドーマーは建物の外観の見え方にも大きく影響を及ぼします。英国ではドーマーは一六世紀頃から使用され始めたといわれています。ドーマーの発端はゴシック様式の教会や大聖堂の尖塔《せんとう》に換気を提供する細長い屋根付き窓でした。オックスフォードにあるクライストチャーチ大聖堂の尖塔ルカーンに今もその形状を見ることができます。

ドーマーはコッツウォルズなどの石積みの家にも多く見られます。昔の家は二階の高さまで壁を積み上げることができなかったため、一階の高さで二階の部屋を設けるためにドーマーを付けたそうです。また住居の屋根裏部屋にドーマーを取り付けることで、屋根裏を倉庫から、小さな部屋に変化させて楽しむこともできました。

クライストチャーチ大聖堂の尖塔ルカーン。

1階建ての住宅に設置された明かり取りのドーマー。

Column

『小公女』に登場する屋根裏部屋

屋根裏部屋は、普段立ち入れない秘密の場所、何か宝物が眠っているかもしれない場所、子どもへの懲罰《ちょうばつ》部屋というイメージから児童文学などにたびたび登場します。フランシス・イライザ・ホジソン・バーネット（一八四九〜一九二四）により一八八八年に著された『セーラ・クルー』（のちに『小公女』と改題）は、その代表ともいえる物語です。ロンドンの女学院の特別生徒として、校長ミンチン先生のお気に入りだった主人公セーラが、愛する父を亡くし無一文となり、裕福なお嬢様から学院の使用人へと境遇が変わったときに与えられた部屋が屋根裏部屋でした。これは彼女の惨《みじ》めな境遇を表現する重要な場所として描かれています。

一九世紀に流行した建築様式の家屋は、地下にキッチンや仕事部屋、一階にダイニングやリビング、二階が家人のベッドルーム、子ども部屋、三階または屋根裏部屋に使用人たちのベッドルームがありました。セーラが与えられた屋根裏部屋の壁は薄汚れ、暖炉の炉格子《ろごうし》もさびつき使えない状態、家具も古びたものでした。屋根には天窓がついていますが、そこからは灰色に曇ったロンドンの空が見えるばかり。ただそんな境遇でもセーラは一生懸命に想像を巡らせ、自分をバスティーユの囚人に喩《たと》え、本来の自分を失わないよう気を強く持ち続けるのです。そんな苦境にあるセーラの様子を見かねた隣家の使用人が、天窓より忍び込んで温かなお料理、肌ざわりのいい毛布などを運び込み、セーラを助けます。

その後、隣人が亡き父の友人だと判明し、セーラはもとの裕福な世界に戻っていくのです。そのきっかけとなったのが、隣家の猿が天窓からセーラの部屋に迷い込んできたことから……なので、屋根裏部屋の果たした役割は大きなものだったといえるでしょう。

室内から見たドーマー。小さくても光の効果は絶大。

屋根部に突き出すように設けられた小さなドーマー。

病人の頭上のドーマーから差し込む光が見えることから、病室が屋根裏部屋にあることがわかります。(1850年版)

第4章 リノベーション

リノベーションのルール

それぞれの家族の形態や地域、そして建築様式の好みを配慮して選んだマイホームでも、英国の家は基本的には新築でないため、住み始めると、あれこれ不都合が出てくるのが普通です。

その物件の価値を上げたり、より住み心地をよくしたりするため、英国人は、住んだ家をそのままにせず、随時リノベーションを行い、家の価値を保っていきます。

この章では、購入した家のリノベーションについてふれていきます。

リスティッド・ビルディング (Listed Building)

英国では、たとえ個人の持ち家であっても、リノベーションは、個人が自由にしていいものではありません。持ち主が、勝手に家を改装できないようにするための規制が存在するのです。地域特有の景観を守るために、建物の外観を保護する規制が「コンサベーションエリア」(六二〜六三ページ参照)です。そして内装を含む建物そのものを直接保護指定するのが「リスティッド・ビルディング」と呼ばれる制度です。建築物の歴史的重要価値が認められると、国が「リスティッド・ビルディング」に指定し建物を保護するのです。これに指定された建築物は、勝手に壊すこと、改装することが許されなくなります。

英国全土の建物全体の約二パーセントがリスティッド・ビルディングに指定されています。リスティッド・ビルディングを管轄する組織はイングランド、ウェールズ、スコットランドそれぞれに存在し、実際に人が住む家の増改築などはそれぞれの地方行政に任されています。

リスティッド・ビルディングに指定される建築物のなかには、城や宮殿、美術館、橋、像、墓までも含まれます。二〇一〇年時点の調査でイングランドには三七万四〇八一件、ウェールズには二万九九二五件、スコットランドには四万七六四九件が登録されています。そのなかでもグレードI、II*、IIとランクが分かれています。

　グレードⅠに指定されているのは国際的に重要と考えられる建物で、登録全体の約二・五パーセントの約一万件（イングランド例）で、ウェストミンスター寺院もこれに属します。グレードⅡ*は特別な意味を持つ、重要な建物とされ、グリニッジ天文台などを含む全体の五・五パーセント（イングランド例）を占めます。そしてリスティッド・ビルディングのほとんどを占めるグレードⅡは国家的重要性と特別利益のある建物と位置づけられ、ここには一般住居も多く当てはまります。

　これらの指定された建物は、ネット上ですべて公開されており、誰もが自由に確認することができます。この制度の起源は一八八二年の古代記念碑保護法にさかのぼりますが、今のリストの基礎は、戦後の復興時に、建物を現状保護する必要があるか判断するために作成されたそうです。当時の基準は中世の教会や、貴族の邸宅カントリーハウスなど、一七五〇年以前の建物が対象でした。

　その後、リストが何度か見直され、現在では、その範囲は墓石のような小さな構造物も含まれるようになり、現代的な建物も含めて評価されるようになっています。グレードⅡに指定されている面白い例として、ビートルズのアルバム『アビイ・ロード』のジャケット写真でメンバーが渡っている横断歩道があります。このように建築物だけではなく、横断歩道でさえ対象となるのです。

　ではリスティッド・ビルディングに住んでいる人が増改築を望んだとき、改装は認められるのでしょうか。リスティッド・ビルディングの法令に従ったうえで改装することは可能ですが、規制のない家より複雑な手続きをとらなければなりません。実際には、その家々の状況を考慮しながら判断されるようです。

　増改築で例が多いものとしては、扉や窓の交換、間取り変更のための内壁の取り除き、暖炉の変更などです。これらを含む増改築をするにあたっては、図面およびその他、規定の必要書類を地方行政に提示し、許可（有料）をとる必要があります。可否はだいたい八～一一週で通告され、もし許可が下りなかった場合は、半年間の異議申し立て期間が与えられています。許可なしに増改築を行った場合は、違法とみなされ、元の状態に戻すことを要求されます。許可が下りるまでには、それぞれの地方自治体の専門の担当者が、必要なアドバイスをしてくれます。そして許可が下りてからも工事の進捗《しんちょく》状況（提出図面と違ったことをしていないか、違った建材を使っていないか）をチェックしにきます。

アンティーク建材販売所（Reclamation Center）

　では、いざリノベーションをする際、必要な材料はどこで手に入れるのでしょうか。英国では築一〇〇年以上の家に住む人が多く、一九一四年より前の建物に一〇〇〇万人以上の国民が住んでいるとされています。そうすると「この家はジョージアン様式の建物だから、ジョージ

外構に使われていたさまざまな煉瓦や石材。好みのものを探します。

庭で使われていた置物等も、リノベーションに欠かせない物品です。

暖炉をはじめ、室内のアンティーク建材も手に入ります。

アンの暖炉がほしい」「家の屋根が壊れて補修したいのだけど、同じ年代の石屋根が必要だ」などという需要が必然的に多くなります。

その家に合わせた修理やリノベーションを希望した場合、材料を手に入れるための場所が「リクラメーションセンター」と呼ばれる、アンティークおよびリサイクルの建材販売所になります。リクラメーションセンターは基本、郊外にあり、庭に置かれる外構の材料から、外壁材や屋根材の石、煉瓦《れんが》、煙突、床材、梁《はり》、暖炉、扉など室内外の大型素材を扱っています。

「コンサベーションエリア」や「リスティッド・ビルディング」に指定されている家の住人は、住む人が求める、求めないにかかわらず、リノベーションを希望する場合には指定された時代の建材が必要となります。手に入れたい年代の材料を見つけるため、人びとは、何軒ものリクラメーションセンターを探し回ったりもするそうです。外壁材であれば、年代だけでなく場所によっても色などの見た目が変わってきますから、求める材料に巡り合えたときの感動もあるのだとか。

英国では、何かの事情で取り壊すことになった家から出る建材は破棄されずにこのような店に買い取られ、保存されます。最近だと古い建材はインターネットでも販売されているので、昔より希望の建材を探しやすくなってきているそうです。アンティークを愛する英国民にとって、アンティークの家の建材を求めることは特別なことではないようです。

家のメンテナンスは自分でする

対象物件が規制物件でなくとも、築何十年、何百年の家に住む英国人にとって、家のメンテナンスは必須であり、ＤＩＹは日常茶飯事です。そうなると建材や工具を手に入れる場所であるホームセンターの需要は高まります。英国人のＤＩＹスキルは非常に高く、資格の必要なガス等の配管工事以外は自分でこなしてしまう人も珍しくありません。

家は財産であり、価値を上げるも下げるも住み手次第なところがある英国の住宅。評価は築年数だけではなく、家の状態でも変わります。そのためにメンテナンスが必要なのです。

古い家に住んでいると常時どこかに不都合が起きる可能性と隣り合わせなのですが、英国の業者は日本のように電話をしたらすぐ来てはくれないため、自分たちでできることは、自分たちで解決する……という社会風土があります。英国人のＤＩＹシーズンは、日が長くて温かい春夏、そして人びとが集まるクリスマス

自由に持ち帰れるカラーチップ。
その数は驚くほど豊富です。

英国全土にチェーン店のあるDIYホームセンター「B＆Q」。

前だそうです。

英国のホームセンター

そんな英国人が、必要な物品を買い揃えるのに最も身近に利用するのが、英国における「ホームセンター」と位置づけられる「ＤＩＹショップ」です。実は、このＤＩＹショップは日本のホームセンターと内容が少し異なります。日本人が愛用する「ホームセンター」は建材や工具だけでなく、日用品が半分以上を占めている場合が多く、トイレットペーパー等の消耗品、文房具、簡易的な家具も置いてあります。建材や工具のみを取り扱う専門店に一般の人が訪れることはあまりありません。

それに対し英国のＤＩＹショップは家そのものにまつわるものだけを取り扱っています。建材、扉、塗料、壁紙、タイル、取手などの金具、照明、暖炉、キッチンなどの水まわり用品、それに必要な工具も含め、バリエーションも豊かです。

英国人にとって一番身近なリノベーションは内装の壁に手を加えることです。低予算で気軽にチャレンジできるため、壁紙と塗装用ペンキの種類はとても充実しています。

壁紙は色彩ごとに分類して陳列されており、各色何十種類ものさまざまな模様のデザインが揃っています。各商品の横には開封されているロールが置いてあり、サンプルとして自由に好きな長さを切り取って持って帰ることができます。日本ではサンプルはメーカーに直接頼んでもＡ４サイズのサンプルしかもらえません。英国ではロール幅で好きな長さを無料で持って帰れるため、購入前に吟味《ぎんみ》するのにとても助かります。

塗装においては壁紙以上の普及率のため、塗料色のバリエーションが何百、何千という単位で置いてあります。それだ

暖炉まわりの色を検討中。サンプルのペンキを実際に塗って、色を確かめます。

けのバリエーションがあるにもかかわらず、オリジナルペイントミックスマシーンのようなものが置いてあり、微細な色彩に至るまで自分で作ることができるようにもなっています。

このようなお店ではスタッフに言えば、マシーンを使ってオリジナルサンプルポットも作ってもらえます。英国人は気になる色のペンキをサンプルポット（一〇〇ミリリットル）で購入し、自分の塗りたい部屋に試し塗りをして、数日をかけて、どの色にするかを検討します。実際の家の壁に塗ると、日中の光のなかでイメージに合う色か、夜の雰囲気に合うか、時間帯による色の見え方も考慮でき、確認してからほしい色のペンキを購入できます。ホームセンターの充実は家への関心度が反映されています。

リノベーションの方法

では、実際に、仕入れた情報や、購入した建材を利用して、英国人は住宅に、どのようなリノベーションを施していくのでしょう。各場所のリノベーションの一例を挙げていきます。

玄関まわり・外観のリノベーション

英国の家の外観は、街並みを統一するために地域で同様の建材を使用していることが多く、家主の思いだけで特別な改修をすることは、日本より難しくなります。とくにテラスハウスやセミデタッチドハウスは、両隣と造りは同じであるため、個性が出せるのは「玄関まわり」に限られてきます。扉の色、デザイン、扉まわりの装飾、玄関ポーチのタイル、アイアン……建物の構造に関係がなく変更可能な玄関まわりのリノベーションはとても人気です。住人、そして訪問客にとっても、玄関まわりだけでも隣の家と変化をつけていると自分の家の目印にもなりますし愛着がわきます。

「玄関」は人を家の外から中へ招き入れる重要な場所。訪問客がインターホンを押して待つ時間、住人が鍵をあける時間、そこは立ち止まる場所になります。玄関扉、玄関まわりの与える印象というのはとても大きいと考える英国人は多く、家の中と外とのつながりを意識して、リノベーションプランを計画します。

ちなみに英国の家は土足。靴を脱いで

隣り合う家でも、扉の色やデザイン、ポーチタイルによって印象がまったく変わります。

連続したテラスハウス。家により外壁の塗装が異なります。

それぞれのこだわりで、玄関まわりのリノベーションを施したセミデタッチドハウス。

置くスペースの必要性がないため、扉は日本とは異なる内開きです。扉を外側に引っ張って家に入る必要がないため、玄関ノブがない家が多いのも面白いところ。大抵の人は扉そのものを押して家の中に入りますが、中には飾りのノブをつける家もあり、扉にも個性が出ます。

　扉のパネルの様式にも気を配る人も多く、ジョージアンの建物であれば六枚パネル扉、ヴィクトリアンの建物であれば四枚パネル扉に統一すべく、扉の付け替えをする人もたくさんいます。

　また都心のテラスハウスでは、道路から玄関までのアプローチが短くフロントガーデンがないため、玄関まわりや窓まわりにプランターを配置し、植栽を施すことで、外部の緑とつながりを持たせる工夫がされています。

　規制がかかる地域以外であれば、外壁塗装で個性を出すことが可能です。連続する家では外壁の色でどこからどこまでが自分の家か判断できることもあるため、一つのテラスハウスが、何色もの色でペイントされている例も見かけます。二軒一家のセミデタッチドハウスでも同様です。

　基本的に中古物件であるため、玄関のアプローチ部分に敷かれていたヴィクト

玄関まわりに藤などのツタを這わせて美しく演出。

玄関の扉を建物の時代に合わせるのも、自分好みのデザインに変えるのも自由です。

リアンフロアタイルが、欠けたり、汚れたりしてボロボロになってしまっていることもあります。アプローチ部分のタイルを敷き直すことで、玄関まわりが明るく豪華になり、家の資産価値が上がることもあります。アイアンも同様です。さびていたり、塗装がはげていたりすると、家の見栄えが悪くなってしまうため、適宜、メンテナンスしていく必要があるのです。

ヴィクトリア朝時代の英国では、引っ越した際には、自分から隣人に挨拶をしにいくのではなく、隣人が訪ねてくるのを待つという習慣がありました。通りを行く人びとが思わず声をかけたくなる、中に入ってみたくなる……そんな家造りをめざしたのです。

暖炉の両サイドには使いやすいように作り込まれた造り付け家具があります。

フォーカルポイントの暖炉

英国の家は、どのようなタイプの家でも、それぞれの部屋の中心にはほぼ暖炉があります。暖炉の炎しか暖を取る手段がなかった時代、人びとは部屋の中で常に暖炉のまわりに集まり、生活を営みました。英国の冬は長く、一〇～五月くらいまで。そのため、暖炉を必要とすることもあります。そのため、暖炉は人が集まりやすい場所、部屋の中心部に備え付けられるのが基本でした。

現在の英国では、暖炉機能を必ず使うわけではありませんが、機能しているか否かは別として、部屋の中心に暖炉が存在することは英国住宅では自然なことなのです。暖炉は壁より前に出た設置方法が多く、その凹《くぼ》んだ両サイドのスペースを本棚にしたり、テレビを置くスペースとして台座を造ったりと、造作家具を設置することでデッドスペースを収納として活かす傾向があります。

暖炉のような、部屋に入って最初に目にとまる、インテリアの要《かなめ》になる場所のことを「フォーカルポイント」と呼びます。フォーカルポイントをどう見せるかで、その家の住人の趣味嗜好がわかるのです。そのため暖炉まわりは重要であり、そこが整っていると、部屋全体をも引き締める効果も期待できるのです。

そのため、ヴィクトリア朝時代、英国人は部屋のフォーカルポイントである暖炉の装飾にはこだわりました。暖炉を囲うマントルピースも木製、大理石で精巧に作られました。マントルピースの上部には専用に作られた鏡やオーバーマントルと呼ばれる飾り棚をつけ、陶磁器などの装飾品を並べるのが常でした。

現在では、建物の時代に合わせクラシカルに整える、様式は問わず自分の好みのスタイルに整える、または、暖炉を必要とせず塞いでしまい、家具を置くなど、その場所を別のスタイルのフォーカルポイントにしてしまうなど、さまざまな選択肢がありますが、それぞれがフォーカルポイント作りに勤《いそ》しんでいます。

暖炉のリノベーションとしては、暖炉の炉を変える、マントルピースを付け替える、装飾タイルのデザインを変更する

暖炉と鏡の組み合わせはヴィクトリア朝時代からの定番です。

暖炉部に石を貼り、周囲には好きなものを飾って演出。

暖炉まわりは植物のディスプレイポイントとしてもとても栄える場所です。

シンプルなラインの暖炉。マントルピースは欠かせないアイテムです。

など、いろいろな個性の出し方があります。マントルピースの上の、大きな鏡やオーバーマントルのデザイン、大きめの絵の付け替えをしたりすることでも暖炉の印象は大きく変わります。

　暖炉を使用していない家庭でも、使用している雰囲気を演出するため、炉のまわりにアンティークの掃除用具を配置したり、暖炉の火が直接人間に当たらないようにするためのファイヤースクリーンを置いたり、まるで暖炉を使っているかのような工夫をする家庭もあります。このような装飾を見ると、人びとの暖炉に対する思い入れがとても強いことがわかります。また暖炉を使用している家庭でも、春・夏場は炉の部分に大きな花瓶や植物を置いたりして演出を楽しむのです。

　お気に入りの場所になった暖炉のマントルピースの上のデコレーションを楽しむことも英国人の生活の一部です。好みの絵を飾ったり、燭台《しょくだい》を立てたり、大切な陶磁器の人形を飾ったり……。クリスマスの時期には、届いたクリスマスカードも暖炉まわりに飾られます。

ウィンドウディスプレイ

　部屋のフォーカルポイントとなる存在で暖炉の次にあげられるのが、部屋の中に配置されている窓です。

　英国のテラスハウスの間取りは、建物の奥行に対して、フロント、バックと二部屋を取るのが基本形で、部屋の四方壁の役割は決まっており、一面には暖炉、庭や道に接する一面には窓、部屋の出入口のある一面、そしてフロントの部屋とバックの部屋を仕切る一面で構成されています。この基本の法則はセミデタッチドハウスも同じです。基本の位置は変えられないため、リノベーションで考えられるのはフロントとバックを仕切る壁を貫いて部屋を一体化させるオープンプランで、昨今英国でも人気です。そして代えられない窓の存在は暖炉とともに重要な役割を担うことになります。

郊外のデタッチドハウスでは、窓の外には自慢の庭か田舎の美しい田園風景が広がるため、景色が窓のデコレーションとなってくれますが、都心だとなかなかそうはいきません。そのため、窓まわりの装飾はとても大切になってくるのです。

ヴィクトリア朝以前、英国では布地がとても高価だったため、室内にカーテンを装飾することができるのは上流階級のみでした。西日がとても強い英国では、自慢の家具が傷まないように、そして冬の寒さから身を守るためにもカーテンは住宅を手に入れた際の必須アイテムとして憧れの対象となります。

布地はなるべくふんだんに使ったほうが贅沢感を演出できます。当時は、カーテンの洗濯などが今ほどできない時代ですので、裾《すそ》のほうが汚れると、数年に一度裾をカットして仕立て直すこともされていたため、最初に作る際には裾丈に余裕を持たせることも推奨されました。一八五一年に窓税が廃止されると、新しく建つ住宅には窓の数が増え、カーテン、そしてブラインドの普及が進みました。

英国式カーテンの掛け方の特徴は、窓の内側にではなく、窓の上部よりカーテンを掛けること。これにより、部屋が広く見えます。そしてカーテンは床まで届くように掛けること。これは冬の寒さ対策でもあります。カーテンの上部には、バランスと呼ばれる装飾布が施され、額

明るく、庭の見える出窓の側にソファーを配置して、お気に入りの場所を作ります。

奥行のある窓台はいいディスプレイスペースになります。

縁のように美しく窓を装飾します。

　日本では、カーテンは光を遮るための布、外の視線から家の中が見えないように遮断するための布と考えられがちなため、住居購入の際にカーテンにかける資金の割合はとても低いといわれています。カーテンには装飾性よりも機能性が求められているため、遮光カーテンも人気です。英国では、カーテンは装飾性のほうが重要視され、夜になってもカーテンを閉めない家庭も多いのです。クリスマスの時期には、窓からクリスマスツリーが見える家庭も多く、通りを歩く人の目を楽しませてくれます。また、腰窓の窓台には必ずといっていいほど、花や小物を飾り付けますが、そのポイントは、家の中からではなく、外から綺麗に見えるように配置すること。これもクリスマスツリーと同じく、窓まわりのディスプレイは、道行く人のため……という考え方があるからです。まさに「ウィンドウディスプレイ」の言葉がふさわしい習慣です。

　都心のテラスハウスでは窓の数が少なかったため、貴重な出窓スペース付近には椅子が置かれ、人びとは昼の間そこで読書をしたり、手紙を書いたりしました。窓の下に収納も兼ねたベンチが設置されている仕様も人気です。

部屋としてのキッチン

英国のキッチンと日本のキッチンの大きな違いは、キッチンをプライベートな空間ととらえるか、パブリックな空間ととらえるか……にあります。英国人の多くは、キッチンはゲストとも共有するパブリックスペースととらえています。

　そのため、キッチンも一つの部屋として、インテリア性が求められます。表現の場であるキッチンは自分仕様のリノベーションをする需要な場所となります。

　英国のキッチンによく見られるのが扉のない収納棚の存在です。そこに、表紙が美しいレシピ本を置いたり、来客に見せたい食器を並べたりするのです。棚の種類や配置配列にこだわりながらキッチンのデザインも決めていきます。そして壁には好きな色やデザインのタイルを貼り、より楽しく自分らしいオリジナルな空間に仕上げていくのです。そしてキッチンにシャンデリアを吊るす家庭も多いです。

　ディッシュラックと呼ばれる皿立ては、並べた食器のデザインがインテリアとし

ディッシュラックは見せるキッチンのポイントにもなります。

上から吊るした鍋や窓まわりの小物でキッチンを楽しく演出。

お気に入りのマグカップやお皿が飾られたカップボードは目を引きます。

ての効果もあるため人気のアイテムです。建材売り場には、大中小さまざまなサイズのディッシュラックが販売されています。また天井の梁を使って物をぶら下げることも人気です。よく使う鍋や、装飾性のある籠《かご》などを、梁からぶら下げることは利便性のみならず、キッチンのインテリア性も高めています。

英国料理は、ほとんどがオーブンで調理されます。オーブンの上はコンロになっているのですが、コンロに蓋を被せて天板と一体化させたデザインも多く見かけます。英国では日本のようにフライパンで「炒める」「焼く」という工程を経る料理が少ないため、蓋つきコンロを不自由に思う人は少ないようです。そのため、油が飛び散ることが少ないので、キッチンまわりに装飾性のある小物等の配置がしやすいのです。

食洗機の普及も進んでおり、食器を手洗いしないことから、よりキッチンが汚れないという事情もあり、キッチンの小窓に美しいカーテンを装飾し楽しんでいる家庭も多くあります。

食材の保管は日本と同じく冷蔵庫で行いますが、保存食をストックするパントリーと呼ばれる小部屋、または、それ用の食器棚を配備している家が大半です。

さらに、キッチン以外の別の場所に保存用の食材を入れる大きめな冷凍庫を所持している家庭も珍しくありません。急な来客時にでも自分らしいおもてなしができることが美徳とされている英国では、キッチンはいつでも人が入れる状態にしておくこと、最低限の食材を常時ストックしておくことは必須なのです。

キッチンタイルや小物も同系色で揃えると統一感が出ます。

使用しないときには、コンロの蓋を被せ、換気扇も収納と一体化しています。

Column

ファブリックへのこだわり『クランフォード──女だけの町』

床一面に大きな絨毯を敷き詰めるのは、ステイタスの証でもありました。絨毯の色と壁紙、カーテンなどの色合いが揃っていると部屋に統一感も出ます。

エリザベス・ギャスケル（一八一〇～一八六五）の著作『クランフォード──女だけの町』（一八五一～五二）は、ヴィクトリア朝の架空の町クランフォードを舞台に、この田舎町に生きる人びとの日常を描いています。

クランフォードでは、日常の些細《ささい》なことが町のニュースになります。この夏のニュースは、ジェンキンス家の応接間に立派な絨毯が敷かれたこと。絨毯はヴィクトリア朝期、庶民には手が届かない高値の品でした。そのため、人びとは小さなサイズの敷物を家の中で大切に活用していました。

階段に絨毯を敷くのも贅沢な演出。

贅沢品である絨毯を手に入れたものの、絨毯を汚すことは耐えられない……と考えたジェンキンス家では、絨毯を保護するためにみんなが四苦八苦します。日除けのない窓から午後の太陽の強い光が差し込み、絨毯に照りつけると、陽の当たる場所に新聞紙を敷いてすぐに保護。

住人は、新聞紙の上で裁縫をしたり読書をしたりするのです。しかし日差しが当たる場所が時間により変化していくので、これが何とも慌ただしい。一五分に一度は新聞紙の場所を変えなくてはなりません。さらに、家でパーティーを開きゲストを呼ぶ際には、午前中いっぱいかけて、ゲストの靴で絨毯が汚れないように、新聞紙を切り貼りして客用の椅子ひとつひとつに誘導する新聞紙の通路を作るのです。これでは何のための絨毯なのだか……。

英国では現在も、壁紙や家具、カーテン、絨毯が日に焼けることを心配し、高価な家具が置かれるダイニングは、北向きに設置されることも多いのです。

Column

パントリーの必要性！『おちゃのじかんにきたとら』

ジュデス・カー（一九二三〜二〇一九）が一九六八年に発表した『おちゃのじかんにきたとら』は、現在も英国で大人気の絵本として知られています。

最近ではスッキリと収納してしまうモダンなキッチンも人気となっています。2人暮らしのキッチンとは思えない収納力。常に来客に備えられています。

　ある日、ソフィーとお母さんがお茶の時間にしようとしていると、「ごめんください。……おちゃのじかんにごいっしょさせていただけませんか？」と毛むくじゃらのとらが入ってきます。お母さんは「もちろん、いいですよ。どうぞおはいりなさい」と、とらを歓迎します。

　アフタヌーンティーに同席することになったとらは、二人に勧められたテーブルの上の茶菓子や紅茶をすべて食べ飲み尽くしますが、まだまだお腹がすいている様子。作りかけの夕食、そして冷蔵庫の中の食材、さらには戸棚の中の食べ物もすべて平らげてしまうのです。

　おかげで、その日ソフィーの一家は家で夕食が食べられず、帰宅したお父さんの提案で外食をする……というファンタスティックで微笑ましいお話なのですが、このショートストーリーのなかにはヴィクトリア朝のアフタヌーンティーの心意気が詰まっています。

　ヴィクトリア朝のアフタヌーンティーのエチケットとして、急なゲストにも対応できるのがよき家庭人、そしてゲストにはお腹を満たして帰っていただくことがあげられました。

　とらという予想外の来客に、食材が足りるかしら？　と少々慌ててしまったお母さんでしたが、翌日お母さんは、次にいつとらが来てもいいように、ソフィーを連れて買い物に出かけ、たくさんの食べ物を購入します。大きな缶詰に入ったタイガーフードも！

　このような備蓄食品を収納しておく場所のことを、英国では、「パントリー」と呼びます。個室としてパントリーを配置する家庭もありますし、ソフィーの家のように戸棚をパントリーとして使用する場合もあります。パントリーは主婦にとって心のゆとりのスペース。おもてなし以外にも、悪天候や非常時にもパントリーに食材が詰まっていれば慌てずにすみそうです。

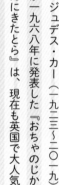

真っ白な壁は、部屋を明るく見せてくれます。ペンキ塗装では壁紙では出せない風合いが出せるのもいいところです。

濃い色あいの壁は古時計をより際立たせています。

室内の雰囲気を担う「壁の色」

英国では、壁面装飾はペンキ塗装が主体です。壁紙もポイントでは使用しますが、主流はペンキ塗装です。九九ページのホームセンターの項目でも説明したように、壁の塗装は業者に頼むのではなく、住人自らがすることが多く、その家に住んでいる間に、数度塗り直す人も多いのだとか。

ヴィクトリア朝は、現在のようにペンキが単体で販売される時代ではなかったため、ペンキ塗装はプロの仕事でした。そのため、何度も塗装を頼めず、人びとは慎重に色を吟味しました。結果、ヴィクトリア朝初期には赤色やテラコッタ色やブラウンが人気でした。これは壁に飾る絵画を縁取る額装の金と合わせると、部屋がとても豪華に見えたからです。そして濃い配色の塗装は、暖炉の煤《すす》で部屋が汚れても、比較的目立たなかったからともいわれています。

ヴィクトリア朝中期になると、人びとが家に対し、よりくつろぎを求めたため、オリーブ色や、バーガンディーと呼ばれるワインレッド、セージグリーンなどのペンキも人気になります。それでも色合いはスモークカラーと呼ばれるマットなものが人気でした。一九世紀末にはベージュやホワイト、クリームなどの明るい色合いも流行しますが、煤汚れなどが目立ち、掃除が大変だったため、来客のあるリビングなどを中心に、贅沢の象徴として使われたそうです。

さらに一八三六年に税金が撤廃された壁紙も、ヴィクトリア朝に一般に普及し、壁の装飾性を豊かにします。一八六〇年代に機械式のロール単位での壁紙が発売

壁の一面にだけ壁紙装飾を施すのも人気です。

ウィリアム・モリスの壁紙を使用した室内は重厚感が漂います。

されるようになると、壁紙を自分で購入して貼る家庭も増え、壁紙のブームがやってきます。さまざまなテキスタイルの壁紙が発売され、各部屋で壁紙を変える家庭も多くなりました。

扉や幅木《はばき》、回《まわ》り縁《ぶち》などが基本は白い艶ありのペンキ塗装で仕上げられている英国住宅では、壁に何色を当てても失敗が少ないのもDIYしやすいところかもしれません。

照明を楽しむ

日本では家庭の中では明るさを求め蛍光灯を使うことも多いのですが、英国では蛍光灯はオフィスなど仕事をする場所以外ではあまり使用されることはありません。人びとがくつろぐ場所で使われるのは、昔ながらの白熱灯です。

海外のホテルに泊まった日本人が、ホテルの部屋の天井にライトがついておらず、間接照明のみしか設置されていないことに驚く……という話はよく聞きますが、英国では、家庭のなかでも部屋を必

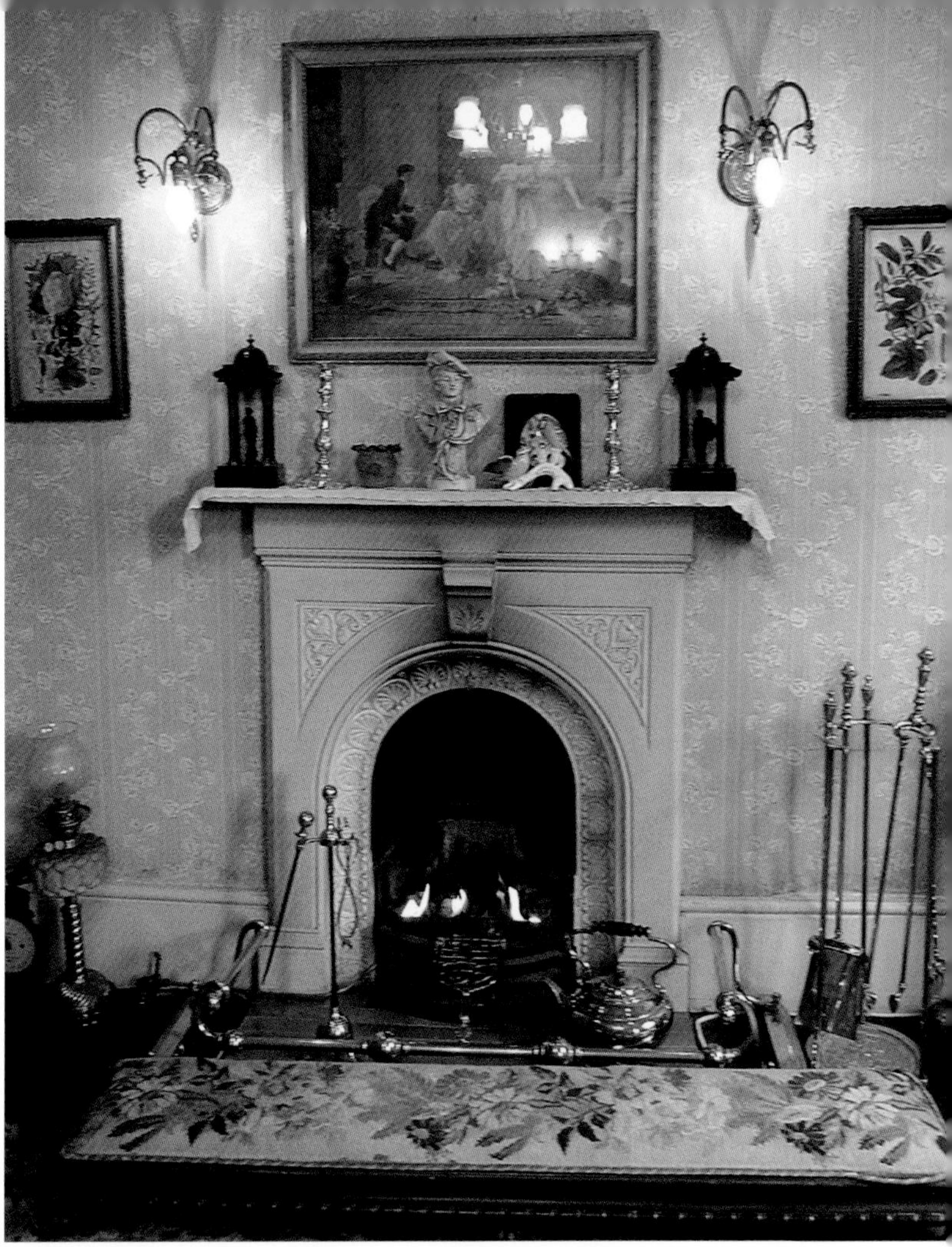

冬の長い夜の団欒は、暖炉の火と間接照明の灯りだけで過ごす家も一般的です。

壁に付けるタイプのブラケットライトも人気です。

シャンデリアをより際立たせるシーリングメダリオン。デコラティブな装飾が美しい。

要以上に明るくすることを好まない人が大半です。そのため、英国住宅の照明の明るさは日本に比べると圧倒的に暗く感じます。

天井の高い部屋にはシャンデリアが部屋の中央に配置されますが、つけても部屋全体が明るくなるわけではありません。天井がそこまで高くなく、シャンデリアの配置が難しい場合は、部屋の中央に無理に照明は設置されません。いわゆる日本でいう円盤のようなシーリングライトは英国には存在しないのです。

部屋の中央のシャンデリアは灯りというよりインテリア性が重視されています。そのため移動もできるスタンドライトを数か所に置いて、部屋の灯りを楽しみます。

英国ではヴィクトリア朝時代、クリスタルガラスのシャンデリアが普及しました。一八四五年のガラス税の撤廃により、中産階級の家庭でも、シャンデリアを室内に取り入れることが可能になったのです。まずは来客を通すドローイングルーム、そしてダイニングルームへの設置が急がれました。

そんなシャンデリアを設置するときに欠かせない建材が、一八八〇年代より流行した天井装飾材「シーリングメダリオン」です。別名「シーリングセンター」、「シーリングローズ」などと呼ばれるこの建材は一八世紀から貴族階級の邸宅で用いられてきました。もともと石膏素材で作られており、その重さもかなりのもの。それが化粧漆喰で大量生産されるようになり中産階級の家庭でも多用されるようになったのです。シャンデリアとシーリングメダリオンのセット、これは人びとの憧れのインテリアになりました。

ベッドの横のスタンドライトは生活に欠かせない灯り。

それでは英国人は、住宅の中でどのようにして灯りをとるのでしょうか。シャンデリアの灯りだけで生活は可能なのでしょうか。英国の家庭では、小さな照明を多灯使いすることが多く、必要なところにスタンドライトやテーブルランプ、壁を照らすブラケットを配置し、間接照明の灯りを楽しみながら夜を過ごすことが主流です。

最近は日本と同じく、埋め込み式照明（ダウンライト）の使用が普及してきていますが、その照明は決してメインルームに使われるのではなく、通路やキッチンなどの作業場を中心に配灯されます。メインルームに使う場合には、必ず調光器が設置されており、自由に照明の光の強弱を設定できるよう配慮されています。

夜になると、作業用の電気は消して、間接照明と蠟燭の灯りで雰囲気を演出します。優しいオレンジ色の光が、カーテンを閉めていない窓から漏れてくる様子は、とても美しく、温かみを感じます。

庭は　もう一つのリビング

英国といえば「イングリッシュガーデン」という人も多いのではないでしょうか。英国では、都心を除けば、家の倍の広さのバックガーデンを所持している住宅も珍しくありません。ヴィクトリア朝以降、英国では「広い庭」をステイタスシンボルとして求める傾向が強くなり、ガーデニングを趣味の一つとして楽しむ人が増えました。天気のいい日は庭に設けたベンチでお茶することを、最上の贅沢と感じる人が多くいます。庭は家において大切な生活空間であり、もう一つのリビングのようなカテゴリーに位置してきました。

縦に長く広いバックガーデン。住む人のこだわりが見え隠れします。

庭に面するコンサバトリー。明るく、庭が見渡せるコンサバトリーは、第2のリビングです。

そんな英国の庭で、人気が衰えないリノベーション対象が、サマーハウスと呼ばれる屋根付きのテラスを設置することです。人びとはこの小さなハウスの中に家具を配置し、バーベキューなど簡単な夕食を楽しんだり、アトリエとして使用したりします。

サマーハウスは、プレハブタイプで規定の物がホームセンターなどで販売もされており、設置するだけで済むタイプの物もありますし、一から木材を購入して建築する人もいます。サマーハウスに電気やガスを通そうとなるとまたひと仕事ですが、第二のリビングの設置は英国人にとっての楽しい夢なのです。

また、バックガーデンに「コンサバトリー」を設置している家も多く見かけます。コンサバトリーとは、ガラスで囲まれた温室空間をさします。英国ではコンサバトリーはその大きさにかかわらず申請をしなくても設置ができるため、景観規制の多い英国では手軽な増築方法としても知られており、一般住宅に広く普及する要因にもなっています。

しかし最近ではこのコンサバトリーにも少しずつ変化が生じてきているのだとか。現在日本と同じく、英国でも「エコ」が注目されており、夏暑くて、冬寒いコンサバトリーは断熱・保温効果が悪いとされ、屋根をガラスから普通の屋根に変える工事を提案する新聞広告を頻繁に見かけるようになってきました。

暮らしの楽しみと、景観、そしてエコ……調和のとれた生活を楽しむことは年々困難になってきているようです。

Column

ガーデニングが大の苦手の英国人『アガサ・レーズンの完璧な裏庭』

とっておきの空間、サマーハウス。庭を眺めながら過ごすひと時は至福の時間です。

英国ではヴィクトリア朝に入ると、それまで上流階級のたしなみであったガーデニングが、労働者階級の間でもブームとなります。どんなに狭くても、自分の庭を持ち、そこで草花を育てることは、生活のゆとりととらえられました。「趣味はガーデニングです」と言えることは、ヴィクトリア朝のステイタスでした。

英国でドラマ化もされているM・C・ビートン（一九三六～二〇一九）の大人気小説「英国ちいさな村の謎」の三作目、一九九四年に刊行された『アガサ・レーズンの完璧な裏庭』はそんなガーデニングがテーマになったミステリー小説です。

大都会ロンドンの公告業界で手腕を発揮してきたやり手のビジネス・ウーマン、アガサ・レーズンは五三歳で早期退職を決意し、幼い頃に訪れて以来、憧れを抱いていた美しいコッツウォルズの村に移り住んで隠居生活をスタートさせます。しかし慣れない田舎暮らしは、都会の生活に染まったアガサには困難の連続。それでも数々の試練を乗り越えながら、少しずつ村に居場所を作っていくアガサでしたが、長期旅行で村を留守にしていた間に、強力なライバルが出現してしまいます。容姿も家事も完璧な未亡人メアリーが村に引っ越してきたのです。

ガーデニングまで得意なメアリーは、村のガーデニング・クラブの会合でも注目を浴び、アガサが恋心を抱く、隣人ジェームズまでもが彼女にご執心のよう。恋敵の登場で闘争心に火がついたアガサは、ガーデニング・コンテストで入賞して村人の注目を取り返そうと、やったこともないガーデニングに挑戦することに。

しかし、メアリーの忠告を聞かず意地を張ったことで、大切な苗を枯らしてしまいます。追い込まれたアガサは、ガーデニング業者を使って一夜で庭を作り上げるというズルを計画する羽目に……。

英国人ならばみんなガーデニングが好き、得意なのでは……とつい思ってしまう私たちの思い込みをいい意味で裏切ってくれる都会人アガサ。英国人のガーデニングに対する熱い思いを感じてみてください。

スーパーに並ぶ家やインテリアに関する月刊誌の数々。

リノベーションの参考になる雑誌

英国では雑誌はスーパーや駅などで販売されます。日本と違い、雑誌は「本屋」には置かれません。雑誌は基本的に使い捨ての読み物であり、本は書籍として保存されるものとされているため、「雑誌」は「本」のカテゴリーには入らないようです。

英国では、住宅関係の雑誌は毎月十数種類発刊されています。インテリアや内装に一番力を入れるクリスマス時期の一二月には番外編も出て、一年で一番雑誌棚が充実します。住宅関連の雑誌には、『〜HOMES』や『HOMES〜』といったタイトルがついており、一五〇ページ程度のフルカラーで、約四ポンド前後で販売されています。

その内容はほとんどが室内の内装やインテリアの特集で、外観的な要素はほぼありません。中古物件を購入し、室内の改装や、美しいインテリアで自己表現する人が多い英国では、家の中の情報が多く求められていることがわかります。

ガーデニングの雑誌も毎月数種類出ていますので、そちらから外まわりの外構情報を得ることができます。どの雑誌も、家具やファブリック、照明、キッチンなどの商品から雑貨までの紹介はもちろんですが、一般人の家のリノベーション事例の紹介も多く、そこで使われた商品の紹介につなげられています。

英国らしい家の紹介の仕方は、「この家を何ポンドで買って、リノベーションに何ポンド費やし、今の評価価値は何ポンドになりました。その家を各部屋見せましょう」といった内容であるところです。リノベーションをしたことで、家の評価や価値が購入したときよりも、何百万から何千万に上がっているのですから夢があります。

雑誌ごとにターゲット層があり、購入者は自分のめざすレベルのインテリア雑誌を購入することになります。高所得者層を狙った雑誌はプロのコーディネートが誌面を飾り、使われた家具やファブリックの紹介が組まれています。

一般の住居が紹介され、リノベーションのヒントを得られるような内容のものもあります。ある雑誌には毎回二五軒の家が紹介されています。住人のプロフィール、引っ越し歴、現在の住居への想い、リノベーション歴など、住人と家のストーリーはなかなか興味深いです。こういった雑誌を見ることで英国人は室内装飾スキルが洗練されていくのでしょう。

英国から帰国の際には空港で家の雑誌を探してみてください。写真だけでも楽しめますし、記載されている一般の方の家への想いを覗き見ることができます。

Column

リノベーションの参考になるテレビ番組

英国では家の買い替えやリノベーションをテーマにしたテレビ番組も多く、英国人の家への強い関心を感じます。英国に行かれた際にはぜひチャンネルを合わせてみてください。

Location, Location, Location

「Location, Location, Location」という二〇〇〇年にスタートした家を探す人のための人気番組は、毎回家を探している一般人の家族が登場して、どんな家を探しているかの条件を番組の案内人に相談するところから始まります。場所、部屋数、外観、値段など、案内人は求められる条件に合う三~四軒の家を案内しプレゼンします。

案内された家族は自分たちの条件に合うかどうかを吟味して見てまわります。最終的にその中の一つの家を購入するかどうかということになりますが、確率は割と高く、八割くらい決まります。視聴者はその家族の気持ちになって案内される家を見て楽しみます。「自分ならこの家がいい」など家族の会話が弾む楽しい番組です。

Double your house for half the money

不定期で放送される「Double your house for half the money」という番組は家の価値を上げるためのリノベーションを推奨する番組です。資金不足だけれども、今の家から移り住みたいと考える人が、通常かかる半分の資金で家の価値を倍に上げるリノベーションにチャレンジする内容です。リノベーション会社を経営している専門家が番組の案内人となり、住民にアドバイスをしてくれます。視聴者は評価されない家を見て、評価が低い家の理由を討論したり、専門家によるリノベーションのアドバイスを聞いたりするのを楽しみます。

Selling houses with Amanda Lamb

この番組では、家を売りに出すものの買い手がつかず、困っている三組の家主が毎回登場。それぞれの家を、互いに訪問し合い、案内人も含めて意見を交換し、決められた低予算でリノベーションを試みます。完成後に、案内人は家を探している人を連れてきて、リノベーションの評価を下してもらいます。うまくいけば、その家を買ってもらえることもあるというドキュメント番組です。

The Great Interior Design Challenge

毎年年始にスタートする「The Great Interior Design Challenge」という季節番組は、一般公募のプロではないインテリア好きの人たちが、家主の要望を聞いて、その家のためのインテリアデザインを考え、決められた予算と期日でインテリアを仕上げていく内容です。

仕上がりはプロのインテリアデザイナーたちによって評価され、トーナメント式で争われます。一放送三人のうち一人が勝ち抜き、八週にわたって放送されます。期日内に終わらなかった人はその状態で審査されるという、リアルさがまた面白いのです。視聴者は誰が優勝するかを予想して楽しみます。

第5章

英国人の家への想い

ハウスウォーミングパーティー

英国では引っ越した家に初めて人を招くとき、または大がかりなリノベーション後に初めて人を招く際、「ハウスウォーミングパーティー」という言葉をよく使います。

家に明かりを灯すパーティー、家に命が宿ることをみんなで祝う大切な集まり。この祝いを通して、「物件＝ハウス」であった家に、住み手の心が宿り「ホーム」に変わっていく。英国人はそう考えています。

家を見せることは心を開くこと

英国人にとって、自分の家を見せるということは、心を開くことに通じます。心を許した相手には、快く家を見せ、少々散らかっていようが何だろうが、自分なりのこだわりを誇らしげに語りながら室内を案内してくれます。

想いを込めて、時間を使ってメンテナンスをしている家だからこそ出てくる家にまつわる話の数々。私たち日本人は、自分の家を紹介するときどこか自慢できるところはあるでしょうか。家に対してのエピソードトークをどれだけ持っているでしょうか。それだけ想いを込めて家に住んでいるでしょうか。英国の家を訪れると、いつもそのことを考えさせられます。

家をオープンにする英国人の特性はヴィクトリア朝時代すでに形成されていました。ヴィクトリア朝の人気小説家 ウィリアム・メイクピース・サッカレー（一八一一～一八六三）の代表作である『虚栄の市』（一八四七～四八）。二人の女性をテーマにした長編小説のなかにもそのような描写があるのです。

貧しいけれど勝ち気で才気にあふれるベッキーと、裕福な家庭に育った引っ込み思案で、ある意味自分を持っていない優しいアミーリアの生き方を対照的に描いた作品は、大ベストセラーとなりました。女学校で同期となったこの二人ですが、アミーリアは寄付金が多いことから特待生扱い、ベッキーは小さな子どもたちにフランス語のレッスンをすることで学費を免除してもらっているという異なる立場でした。卒業後、ベッキーは就職先に向かう前に、アミーリアの家に滞在させてもらうことになります。盲目的にベッキーを敬愛していたアミーリアは、

家は家族団欒の場。くつろげる家を持つことは、ヴィクトリア朝時代からの人びとの憧れでした。（An Evening at Home／1879年版）

ベッキーに自分の家の部屋を次から次へと紹介して歩きます。時には引き出しの中まで開け、この家のものはみんな自由に使っていいのよ……と、その愛情を示すのです。

引き出しまで開ける英国人は多くはないと思いますが、家を見せることは、相手に対する信頼や敬意を示したり、自分は危険な人物ではないですよ……と、自らの立場を明示したりすることにもつながるといわれています。現在でも、英国人の家を訪れると、たとえその家に足を踏み入れるのが初めてであっても、家の中の部屋の扉をすべて開けて案内して見せてくれることは珍しくありません。これは日本人の私たちにとっては驚くべき習慣といえるでしょう。

家の価値は広さでは決まらない

日本では、家に人を招くことに対する抵抗感の一つに、日本の狭い住宅事情をあげる人も多いのではないかと思いますが、英国人は、家の大きさで家を判断することは少なく、たとえ小さくとも愛情をもって手入れされた家を評価するという考えを持っています。反対にどんな広

「英国で最も小さい家」は城壁沿いの赤い外壁が目印の家です。

英国人は「家で飲む紅茶が一番」と考えています。もちろんアフタヌーンティーも自宅が最上です。（1898年版）

くても、手入れが行き届かず、どの部屋も開かずの間になってしまい、開けてはいけない扉が連続する家は敬遠《けいえん》されます。

　ウェールズ地方の北部に位置するコンウィという町に、英国人に深く愛される、人気の家があります。その家は「英国で最も小さい家」と言われています。コンウィは一三世紀にイングランド王がウェールズを統制するために建てられたコンウィ城と中世の街並みが残る小さな町です。その城壁のコンウィ川沿いに、赤色の外壁の目立つ家があります。それが「The Smallest House」です。

　この家は一六世紀に建てられたといわれ、間口が二メートル弱、奥行が二メートル七〇センチという三畳ほどの広さの二階建てです。入口の扉は一メートル五〇センチほどしかなく、屈みながら入らなければなりません。一階には暖炉があり、ダイニング兼キッチンになっています。備え付けのベンチの下は収納となっており、石炭入れとして使われていたそうです。

　階段のスペースはもちろんないため、二階には梯子《はしご》で登ります。そこにはベッドとコンソールが置かれた小さなベッドルームがきちんと作られています。

　この家には一九〇〇年まで人が住んでおり、最後の所有者は一九〇センチもある大男の漁師で、彼は家の中でまっすぐ立つことができなかったそうです。目の前は多くの船が停泊する波止場で、環境がよかったため、彼はこの小さな家を愛していたそうです。その漁師が住む前は二人家族が住んでいたというから驚きです。

　この小さな家は、現在は住居用途から外されたため、人は住むことができなくなりましたが、一般公開されており、英国中から、この愛すべき家を一目見ようと観光客が訪れる人気スポットになっています。

暮らしのなかのエッセンス

　家は、その人の人柄を表す。家に入ると、意識せずとも、その人の暮らしぶり、生活のなかでどんなことが大切にされているのかが自然に伝わってきます。プライベートな住宅に招き入れてくれた英国人の生活のなかで、心に残っているエピソードをいくつか紹介します。

　ある一人暮らしの老婦人の家のリビン

グルームには、テーブルの上に大きな写真集が見開きで置かれていました。彼女はインテリアの一環として、この写真集を置いており、その日の気分によって開いておくページを変えているとのことでした。

　決められた配置の家具に囲まれた空間に、写真集のお気に入りのページを変えて置くだけで、部屋が昨日とは違う雰囲気になる。「今日はどのページを開こうか」と考えるだけでも、楽しい気持ちになれる。今すぐにでも真似ができそうな素敵なアイデアです。

お気に入りのインテリアに囲まれて過ごす時間は至福です。
(The Aldine, The Art Journal of America／1875年版)

　部屋の片隅に設けられた小さなダイニングテーブルには、一人用のテーブルセッティングが整えられていました。ランチョンマット、こだわりの純銀のナイフとフォーク、美しいお皿。彼女は、一人でも必ずその日にいただく献立を「メニュー表」に手書きをし、燭台《しょくだい》に火を灯《とも》し、レストランのように食事をしているとのこと。

　日々の食事の時間を大切にし、若い頃から好きだったテーブルセッティングを楽しんでいる……一人暮らしの生活を満喫している老婦人の姿から、映画のワンシーンの中のような美しさを感じた瞬間でした。

　在宅で仕事をしているある女性は、仕事を終える時間になると、区切りをつけるために、家の中の灯りを間接照明と蠟《ろう》燭《そく》のみにし、夜の生活にシフトするのです。部屋の灯りの色が白から黄色に変わることで、オンオフの区別がつき、職場と自宅が同じでもメリハリが出るのだと言います。お気に入りの燭台《しょくだい》に楽しそうに火を灯していく姿に、安息の時間は自分で演出することも大切だということを教わりました。

　家の中に、必要以上の椅子が置いてある家もありました。聞けば彼女の趣味は読書で、その日の気分で本を読む場所を変えているのだとか。ある日は庭を眺めながら、ある日は廊下の隅でこぢんまりと、ある日は玄関ホールの美しいヴィクトリアンフロアタイルに囲まれながら。そしてある日は庭のベンチで自然と一体化して……。決して大きくない住宅でも、椅子一つ置けるスペースがあれば、気分転換できる場所はいくらでも作り出すことができることを実感しました。

家に執着しない

　家での生活を心から楽しんでいる英国人ですが、土地はもちろん、家に対しての執着心は私たち日本人ほど強くないことが多いのです。どんなに手入れをした家でも、丹精込めて育てた花々が咲き乱れる庭があっても、その家を美しく維持できるキャパシティーがなくなったら、次の家へ移動していく。身の丈に合った家に常に住んでいるからこそ、開かずの間がなく、どの扉を開けてもほどほど整理整頓がされているということなのでしょう。

　そんな英国人の、家を愛するけれど、

コンサバトリーで楽しむアフタヌーンティー。もてなす側も、もてなされる側にも笑顔が広がります。
（The Illustrated London News/ 1893年2月18日）

家に執着しないという精神は、家の間貸しの習慣にも強く表れています。

英国では、長期休暇で家を留守にすることがある場合、家を友人や親戚に貸したり、エージェントを通してまったくの他人に貸し出したりすることを選択する人は珍しくありません。日本人の私たちの感覚ですと、私物を残したまま部屋を他人に貸すなんて考えられない……という意見が多く聞かれそうですが、英国ではよくあることです。犬の散歩をすること、庭の手入れをすること……など、貸し出しに条件をつける人もいるようですが、家を使わないまま一か月放置することのほうが「もったいない」「家が傷む」と考える人が多いようです。たしかに、旅行中に留守宅を誰かが借りてくれたら臨時収入が入るため、少し贅沢な旅が楽しめるかもしれませんし、相手が信頼できる人であれば、防犯の面でも安心かもしれません。

一八九四年に発表されたトマス・ハーディ（一八四〇〜一九二八）の短篇作品「夢見る頃をすぎても」の中にもそんな間貸しのシーンが登場します。

銃火器製造の工場を経営するやり手の

夫と三人の子どもを持つ主人公エラは、愚鈍で洗練のかけらもない現実主義者の夫に夢を感じられず、夫にいえない感情を詩の世界に託し、ここ数年間、新聞や雑誌に男のペンネームを使い投稿を続けていました。

物語はある海辺の町で始まります。この町で夏の休暇を過ごそうと考えた夫妻は、夏の間の一か月だけ借りられる家を希望し、内覧に出かけます。彼らが気に入った借家「コウバーグ荘」は、残念ながら二階の二部屋は年間を通してある男性に借り上げられている状態で、広さの点が条件に合いませんでした。しかしどうしても家をエラたちに借りてほしかった借家の女主人は、その男性に交渉をし、一か月だけ部屋を明け渡してもよいという許可を得るのです。

入居後、男性の部屋を自分のベッドルームにしたエラは、そこである事実を知り驚きます。その部屋を使っていたのは、彼女がライバルとも憧れとも意識していた詩人ロバート・トルーだったのです。宿の女主人から聞かされるトルーの話、壁紙に書かれた未発表の断片、写真立てに隠された詩人の顔写真……。詩人の私物に囲まれた部屋のなかで、エラはますます詩人への憧れを募らせます。二人は会わないままに休暇が終わりますが、その後、作品を酷評されたことを苦にトルーが自殺したことをきっかけに、エラの一家にも波紋が及んでくるのです。

ヴィクトリア朝時代の中産階級の家庭では、庭師を雇い庭を整えることもよくありました。(The Graphic/1870年6月4日)

物語は波乱に満ちた結末を迎えますが、家や部屋を私物を残したまま間貸しするという習慣は、ヴィクトリア朝時代からよくあることだったようです。

こうした、家を愛するけれど、その家は自分だけのものとして執着しないという精神が、自宅を開放してのB&Bの普及や、留学生を受け入れるホストファミリーの数の多さなどにもつながっているのかもしれません。

家は最上のホスピタリティーの場

あるクリスマス、一年に一度の家族の大切な集まりであるクリスマスパーティ

クリスマス・クラッカーで遊ぶ子どもたち。ヴィクトリア朝時代から発展したクリスマス・クラッカー。当時からクリスマスの必須アイテムでした。
（The Illustrated London News/ 1893年12月23日）

ーにお邪魔させていただきました。

　その家はとても大きなデタッチドハウスで、家族総勢一二人が集合。夕方、ツリーが飾られている来客用のドローイングルームの暖炉に火がつけられ、食事の準備ができるまでスターターのオードブルをつまみながら、シャンパンを片手に談笑。食事が整うと、キッチンに並べられたチキン等のご馳走を自分たちでブッフェ式にとり、ダイニングルームに着席します。テーブルは素敵にセッティングされており、蝋燭も灯っています。

　テーブルにセッティングされている英国特有のクリスマス・クラッカーを引くことからディナーがスタート。クリスマス・クラッカーは隣の人とクラッカーの片耳を持ってお互いに引き合うゲーム。そうするとクラッカーが音を立てて割れ、本体を多く引いたほうが勝者になります。勝った人は中に入っている紙の王冠を被り、中に入っているクイズをみんなに出して楽しむという定番の遊び。ヴィクトリア朝から続いている伝統的なクラッカー行事と、美味しい手料理を楽しんだ後は、再びツリーのあるドローイングルームに戻ります。そこでプレゼント交換が行われ、その後はゲームをしたりそれぞれ談笑したりして楽しく時間を過ごします。

　一年で一番家が華やかにデコレーションされ、ドローイングルーム、キッチン、ダイニングルームなど部屋がフル活用され、多くの人が家に集うクリスマス。英国人の多くは、特別な日は外ではなく家で過ごします。そのため、クリスマスの時期はホームステイ先を見つけるのが困難です。その家に招いていただき、ともに時間を共有できた喜びやありがたさは、ホテルやレストランでは感じ得ない特別な一日でした。

家は心の宿る場所

　英国の世界観をたっぷり味わって日本に帰国すると、家路に向かう電車に揺られながら、なじみの日本の街並みを見て、夢から覚めた気分になることがあります。

　統一感のない街並み、敷地いっぱいに建てられた建物、家を囲む緑の少なさ。しかし、プラスに考えてみると、日本で

暖炉の前でくつろぐ時間。家は心の宿る場所。幸せな家族の一場面です。（1924年版）

は個々が自分の好きなように、自由に家を建てられるという、素晴らしいメリットもあることに気づきます。建築基準法さえ守っていれば、デザインも素材も敷地内配置も一から計画できる。それこそ英国の家そっくりにも建てられるのです。純和風、フレンチスタイル、コンクリートのモダンな家。家そのもののデザインに自分の個性を反映させることが実現可能ですし、英国人のように家をこだわりの自分テイストにリノベーションしていくことも決して不可能ではないのです。

しかし、英国住宅の素晴らしさは、見た目の部分だけではありません。住む家を、住人が愛しているということ、これが最も大切なのだと感じます。購入したとき、引っ越したときが、その家が一番素敵なのではありません。引っ越し祝いに人を招いた瞬間がその家のピークで、生活が始まると、家の中はどんどん散らかり、統一感がなくなり、人を招く回数が減ってしまうのは寂しいことです。引っ越しはスタートと考え、そこから少しずつ家族の成長とともに家に手を入れ、インテリアを楽しみ、自分らしい空間に家を仕上げていくことは、誰にでもできることではないかと考えます。

「家は人柄を表す」「インテリアは知性を表す」英国には、こんな言葉があります。人生で最も多くの時間を過ごす家。朝起きた瞬間の風景、夜寝る前の風景。それらが、自分が美しいと感じるものであればあるほど、仕事への活力も増し、日々の生活は豊かになるのではないでしょうか。そして手をかけた分、家に対する愛情も増していくのではないかと思います。

「Home is where the heart is（家は心の宿る場所）」、今からでも遅くはありません。ぜひあなたの家のために、「House Warming Party」を開いてみてください。

Column

日本で建てる英国住宅

窓辺のベンチは、収納も兼ねています。タッセルで装飾したカーテンは明るい雰囲気で、受講生にも好評です。

Cha Tea 紅茶教室は、教室代表の立川碧の自宅兼サロンという形で、英国住宅専門の設計事務所、コッツワールドにプロデュースを依頼した家です。打ち合わせでまず決めたことは、家の様式です。英国住宅らしく、外観の様式、そして内装の様式をそれぞれ選択していきます。

外観は近隣の住宅の雰囲気から浮かないように、ロンドンのテラスハウス（実際は一軒家なので連続はしていません）のイメージでジョージアン様式を希望しました。もちろん、英国住宅に欠かせない煙突やチムニーポットも備えています。

内装はさまざまな時代のインテリアをミックスできる、ヴィクトリアン様式を希望しました。一階のウェイティングルームの床にはヴィクトリアンゴシックに欠かせない色鮮やかなヴィクトリアンフロアタイルを敷き、階段にはコレクションしていたヴィクトリア朝時代のアンティークタイルを装飾しました。二階のダイニングルームの壁は、チューダー様式の代表装飾であるオークパネリングを採用。暖炉のあるリビングルームには、ジョージアン様式のマントルピース、シャンデリアを吊る天井には、シーリングメダリオンもつけました。もちろん外壁の赤煉瓦、オークの床板にいたるまで、建材はほぼ英国製です。

無垢材に囲まれた英国の家は、はじめ

オークパネリングのダイニングルーム。とても落ち着く空間です。

階段の装飾には1793年に創業したミントン社のアンティークタイルを使用しました。

マントルピースの上には、英国製の大きな鏡をつけました。鏡へシャンデリアが映り込むのもお気に入りです。

外壁の赤い煉瓦はロンドンのテラスハウスをイメージして施工してもらいました。

英国から輸入した石膏のシーリングメダリオン。シャンデリアは1823年創業のオーストリアのロブマイヤー社の作品です。

て教室に来る受講生にも、どこか懐かしい雰囲気を感じるといっていただけることも多く、公私ともに満足しています。家は育てていくものという英国人の美徳を忘れずに、小さな玄関先のガーデニングや、フォーカルポイントとなる場所のディスプレイなど、家に手をかけることで、暮らしの満足度をあげていくことが楽しい日々です。

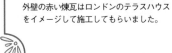

増補

英国の間取り実例集

1
終の棲家
ひとりで暮らせる住環境を整える

1813年築の2階建てのセミデタッチドハウス。83歳の女性ひとり暮らし。外壁がピンクの家が多く見られるサフォーク地方ですが、彼女はピンクが嫌いで緑に塗り替えてしまいました。

八三歳の女性は、五年前に息子の家が近いためこの家に移り住みました。元来積極的な彼女は、趣味を活かし、近くの教会で花を活けたり、アレンジメントのレクチャーをしたり……地域と密着した老後を送っています。

そんな彼女の家には、週に一回、息子夫婦が訪問をして見守りをしてくれています。足腰が弱くなってきた母を心配した息子は、平屋住宅に住み替えをすすめることも考えましたが、彼女と地域とのつながりを考慮し、一階だけで生活ができるように増改築を提案しました。

ダイニングルームだった部屋はベッドルームに用途変更。バックガーデン側にはシャワールームが増築され、二階に上がらなくても暮らせる環境が整いました。快適になった生活に満足しつつも、彼女は空き部屋になってしまった二階の部屋をもったいないと考え、人に貸し出せるようにさらにリフォームすることはできないかと思案しているとのこと。空き部屋をよしとしない、英国人らしい前向きさです。

シッティングルームの暖炉。アンティーク家具に囲まれた落ち着く空間です。

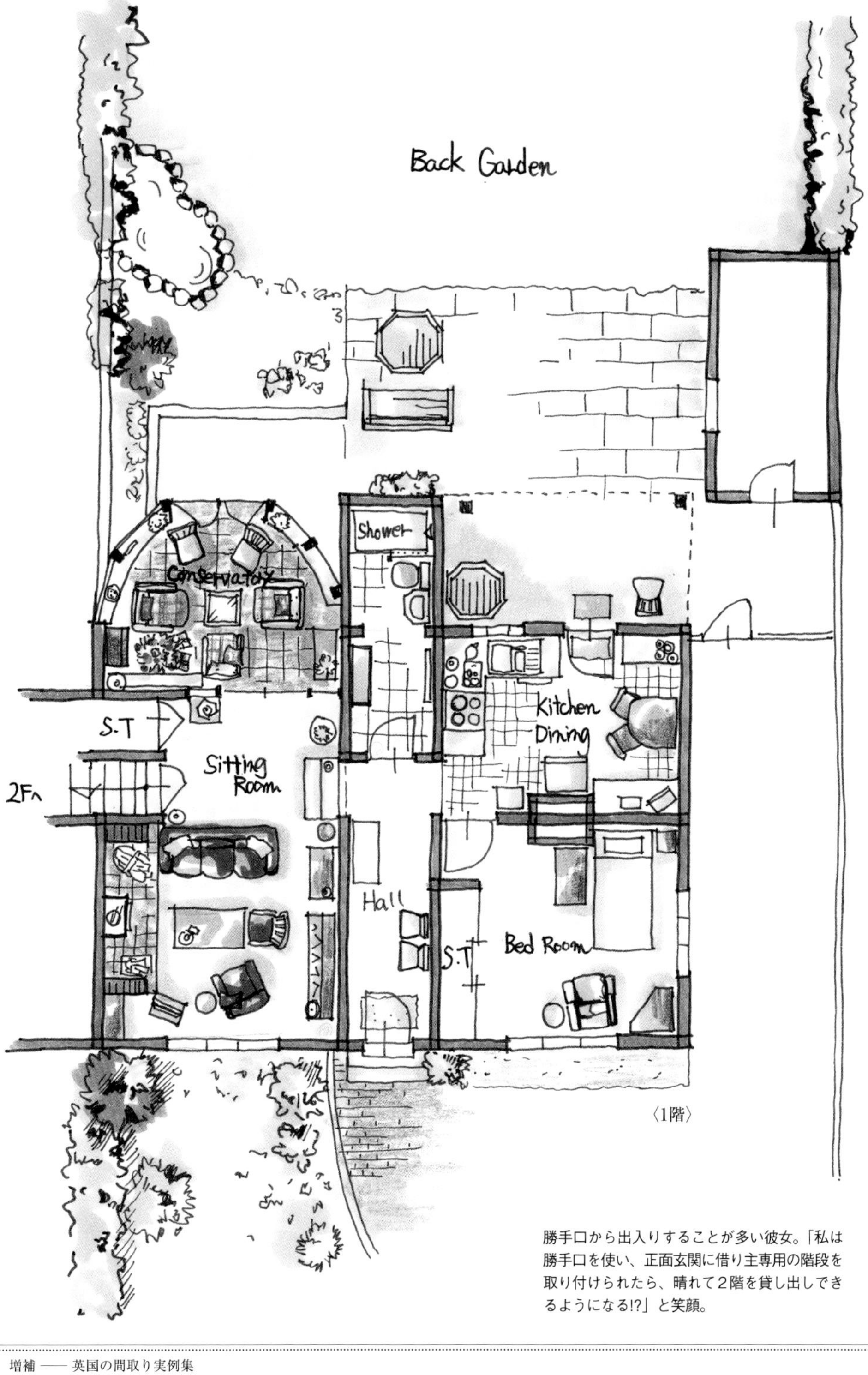

〈1階〉

勝手口から出入りすることが多い彼女。「私は勝手口を使い、正面玄関に借り主専用の階段を取り付けられたら、晴れて２階を貸し出しできるようになる!?」と笑顔。

2

いつか住みたい憧れの家

ご近所でお引越し

1957年築の元バンガロー（平屋）を1975年に先住人が小屋裏収納部分を部屋として改装し、2階も居室空間となりました。2006年より夫婦2人子ども2人で生活。

ご近所さんのホーム・ウェディングパーティーに招かれた女性。彼女は会場となったバックガーデンから見えた隣の家にひとめぼれしてしまいます。

英国では通常、住宅は道沿いに家の正面があるため、家のバックガーデンの部分は外部からは隠されています。しかし何かの機会にバックガーデンにお邪魔できるチャンスがあれば、左右の家の全貌を裏側から見ることができるのです。「なんて可愛らしい外観！　なんて素晴らしい庭！」彼女の心はその家の虜《とりこ》になってしまい、それ以降ずっとこの家が空き物件になるのを待ち望むことに……。

待つこと数年、とうとう憧れの家が売りに出ます。もちろん彼女は即決で購入。もともと同じ通り沿いに住んでいたということもあり、生活環境を変えることなく、憧れの家に住み替えられた彼女はお家生活を満喫中とのこと。ヤドカリのごとく住まいを変えていく英国人。彼らのなかには、「次はあの家が狙い」「いつかあの家に住む」といつでも次の夢があるようです。

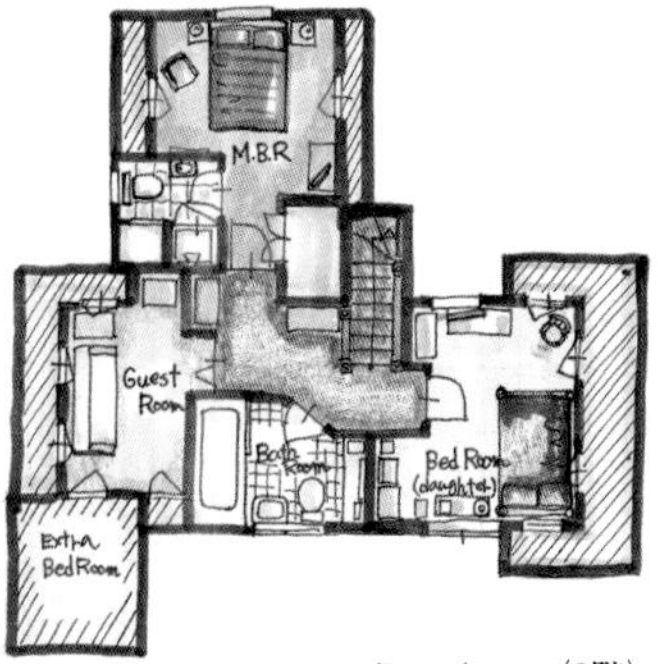

First Floor 〈2階〉

小屋裏は、居住空間と収納スペースとして最大限に生かされています。

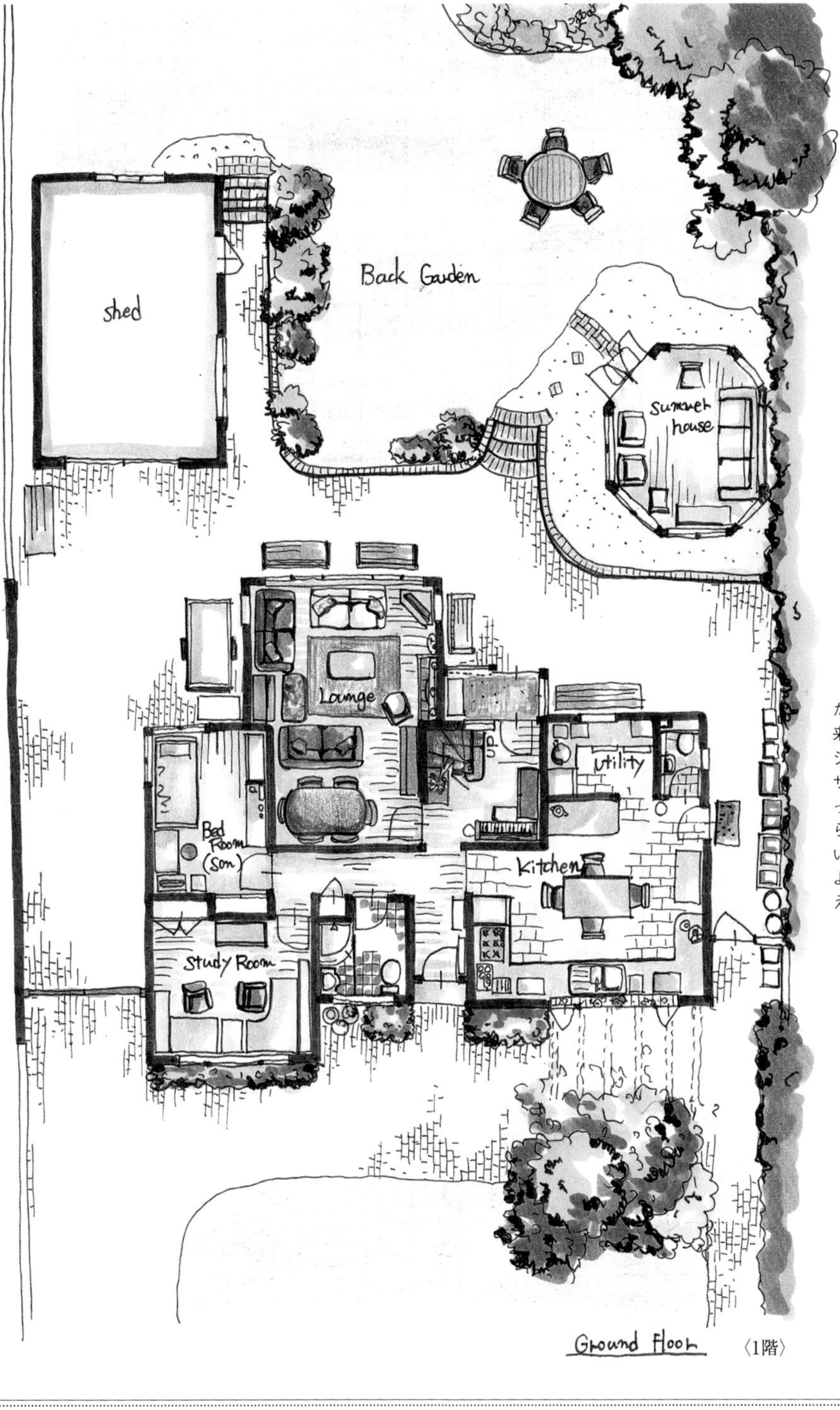

〈1階〉

たくさんの友人が遊びに来るこの家には、ラウンジ、キッチン、ガーデン、サマーハウス、用途によって集まれる場所が設けられています。そして、いつ人が来ても大丈夫なように、食料は余剰に蓄えてあるそうです。

3

愛犬との暮らし

英国で犬を飼う

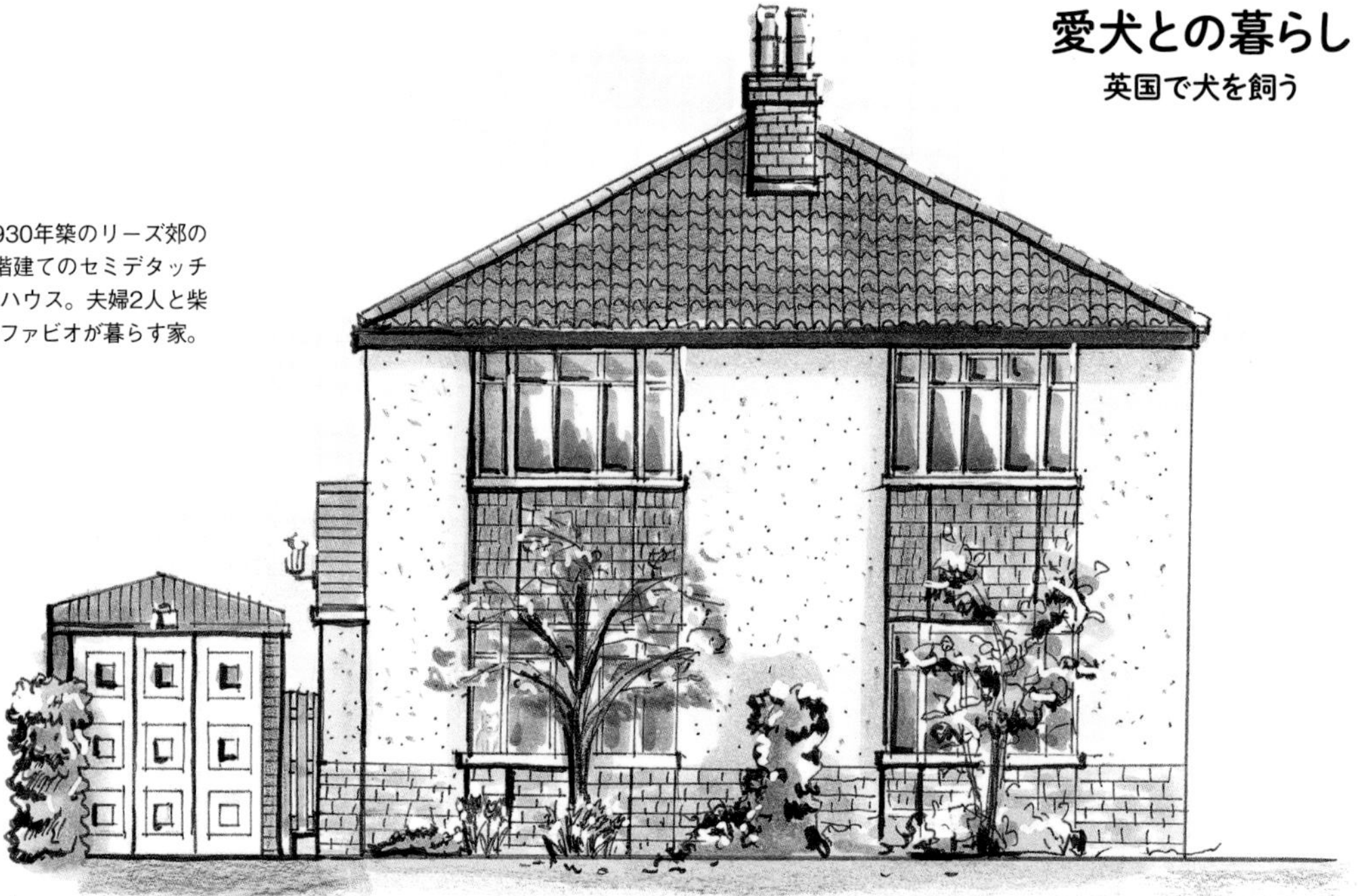

1930年築のリーズ郊の2階建てのセミデタッチドハウス。夫婦2人と柴犬ファビオが暮らす家。

家の範囲

英国人と国際結婚をした日本人女性。結婚後に犬を飼おうと思った際、異国にいるからこそ日本犬である柴犬を飼ってみたいと思ったとのこと。英国には犬や猫を販売するペットショップはなく、動物はブリーダーから直接譲り受けることが普通です。しかし英国で柴犬はとても珍しいため、彼女は柴犬専門のブリーダーから雄柴ファビオを譲ってもらい家族に迎えました。ちなみに英国では動物を飼う前に、飼い主の自宅環境をチェックする審査があります。また飼い主が誰か、どこに住んでいるのかがわかるように、動物にマイクロチップを埋め込むことも法律で決められています。

英国の多くの家では、犬や猫も家族と同じように自由に家中で暮らします。そのため、日本のように特別に犬のためのコーナーを作ったりすることはありません。ファビオは、日中は日当たりの良い出窓で番犬として活躍、夜は暖炉の前で寝転がり家族に甘えて、のびのび生活をしています。

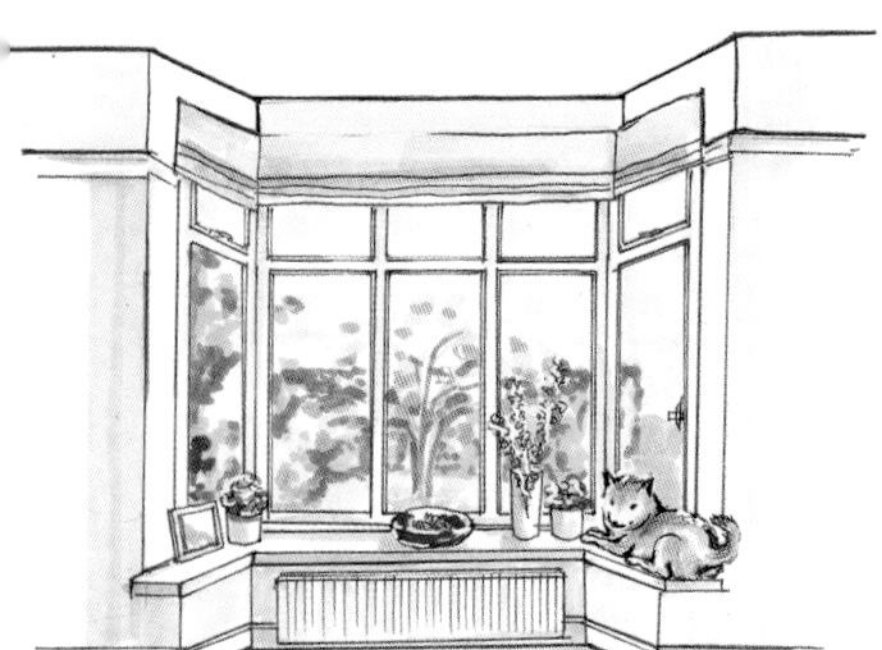

出窓で番犬をするファビオ。窓台がファビオの重みで沈んできていると彼女は苦笑。

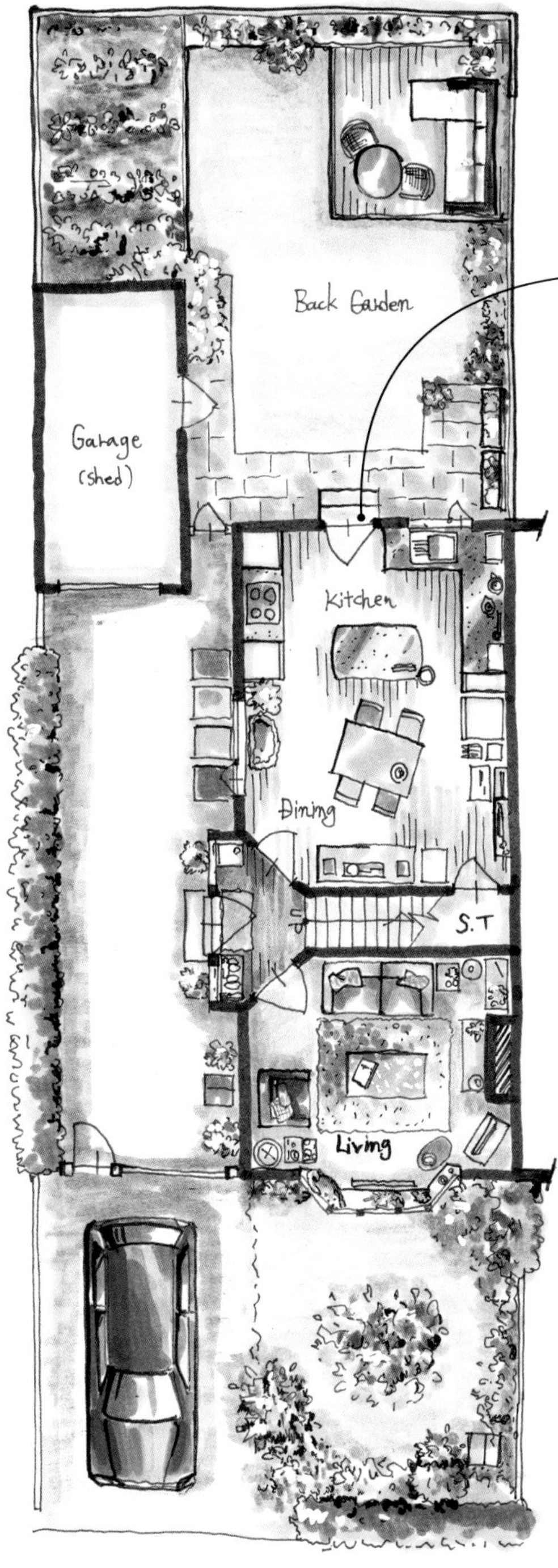

勝手口ドアは「ステーブルドア」(38頁参照) を採用。下の扉をロックすれば、ファビオが庭に出ないようにできます。上部をオープンにすることで換気が可能な点がお気に入り。

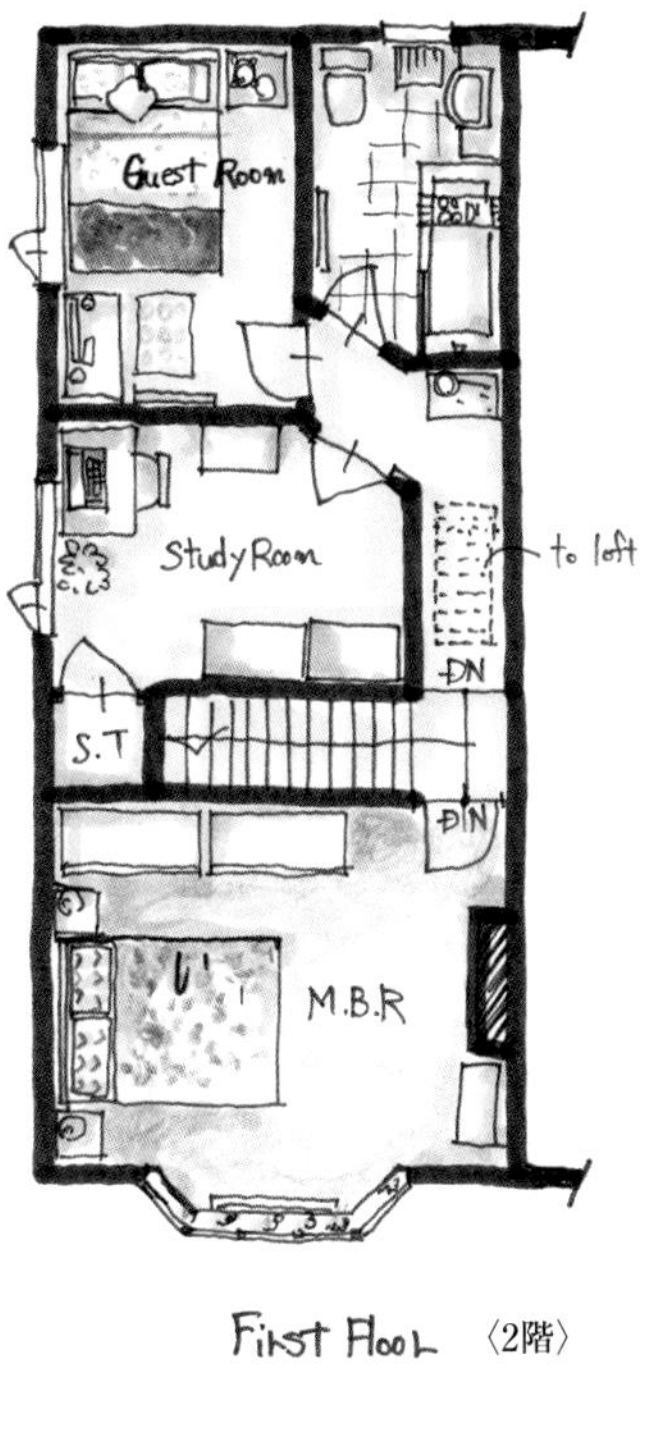

First Floor 〈2階〉

2階のマスターベッドルームは日当たり抜群のため、日中ファビオの滞在率が高いそうです。

広々としたダイニングキッチンはコの字型キッチンからアイランドキッチンに改装したそうです。食事中はテーブルの下でおねだりのファビオ。

Ground Floor 〈1階〉

4

古く見える新しい家

景観に溶け込む

1970年築のコッツウォルズのデタッチドハウス。
80代夫婦の2人暮らし。

コッツウォルズ（五〇頁参照）の村のなかでも、とくに小さな村バーンズリーには羊毛産業がさかんであった一六〇〇年代の石造りの家が六〇軒ほど残されています。そんな歴史ある家々のなかに、何の違和感もなく建つこの家はなんと一九七〇年築。英国では新築の部類に入る新しい家です。なぜこんなに街並みになじんでいるのでしょう。その秘密は建物の建材にありました。

近隣の家との調和を考慮し、村の古い小屋を解体した際に出た石が利用されていたのです。家の中に一歩入ると、建材、モダンな内装から一九七〇年代に建てられたことに納得しますが、英国では、古い家でも内装は比較的自由にリノベーションするため、内装だけで家の年代の判断とするのは難しいケースが多いのです。

美しい景観を守るコッツウォルズの住宅は、英国でも高額物件で知られていますが、ガスもインターネットも通っていないバーンズリー村は、若者に敬遠され、高齢化が進んでいることが問題となっています。

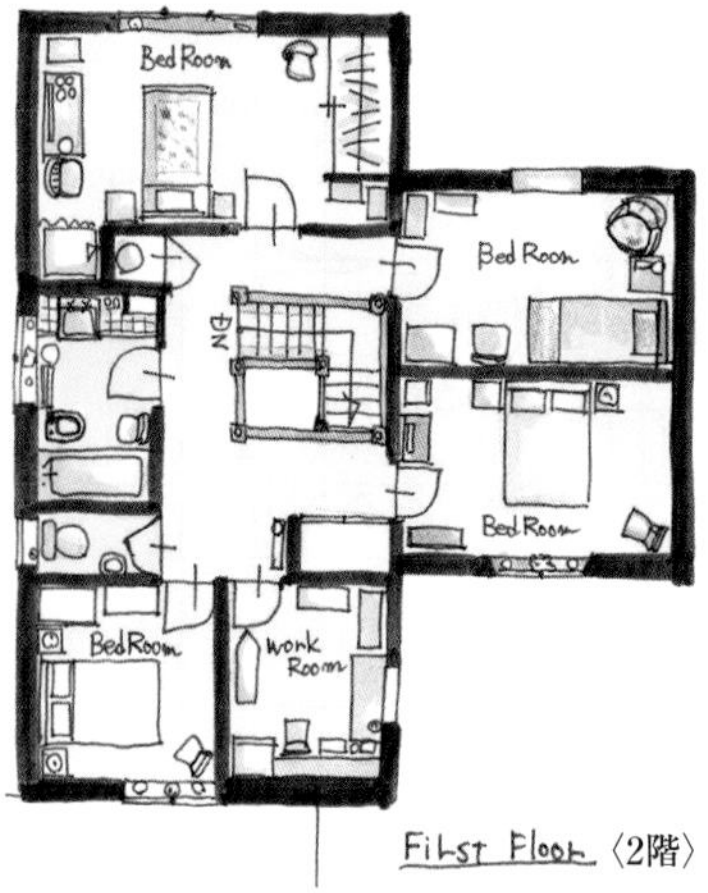

階段を中心に配置された2階の部屋。独立した子どもたちが泊りにくるときに使います。

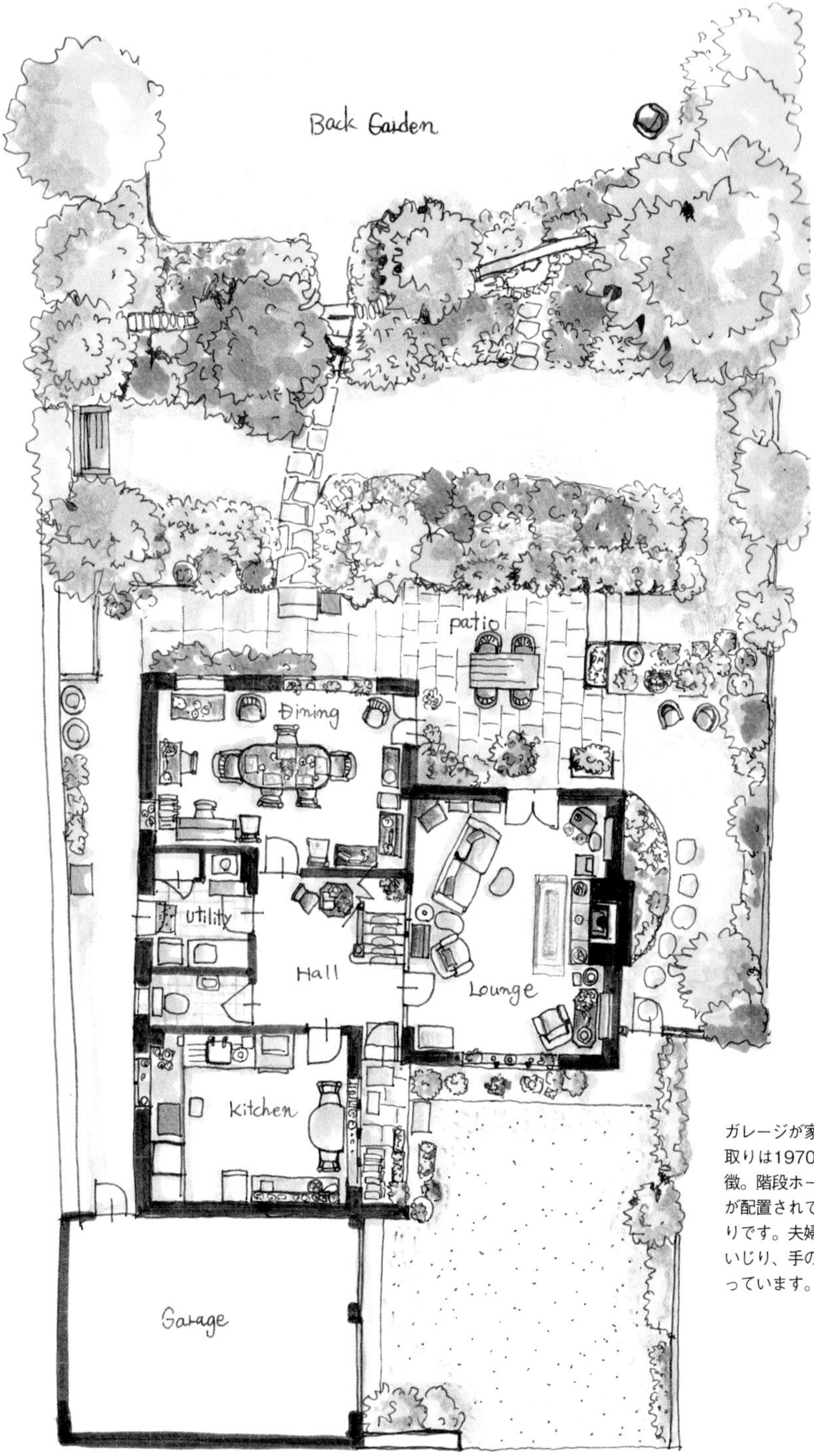

Ground Floor 〈1階〉

ガレージが家とつながった間取りは1970年代の住宅の特徴。階段ホールを中心に部屋が配置されている珍しい間取りです。夫婦共通の趣味は庭いじり、手の込んだ庭が広がっています。

おわりに

英国の家を愛し、英国人の生活を訪ね歩いている山田佳世子さんと私の出会いは、私が主宰するCha Tea 紅茶教室のサロン兼自宅をプロデュースしてくれた英国住宅専門の設計事務所コッツワールドの代表取締役、小尾光一氏の講演会場でした。

小尾氏に憧れ関西から聴講に来たという佳世子さんは、彼に見てもらうためにホームステイをしながら描きためた英国の家のスケッチを持参していました。たまたま彼女の近くの席に私が座ったことから、話が弾み、講義後の小尾氏を含めた親睦会に飛び入りしていただくことに。ところがここでハプニングが。日帰りで関西に帰るつもりでいた彼女は、宿を予約しておらず、親睦会の途中で、宿探しを始めたのですが、タイミングが悪く近隣の宿に空きが見つかりません。青ざめる彼女に、「電車で数駅先の我が家に一泊しませんか?」とお誘いしたのがご縁の始まりでした。

常にスタッフや受講生が自宅に出入りしている私にとって、人を家に泊めることは負担ではなかったのですが、彼女は私の受け入れをとても喜んでくれ、後日、我が家のイラストを描いて送ってくれたのです。初対面でB&B体験をしていただいたこともあり、お互いの英国の家や、家に人を招くことへの想いなど共通点が多々見つかり、それからは数か月に一度お会いする仲に。

佳世子さんが英国で購入したネックレスに刻まれていた、本書にも登場する「Home is where the heart is（家は心の宿る場所）」という言葉には、彼女の英国住宅に対する想いが凝縮されており、私が自分の家に対し感じていた想いとも重なり、とても感動しました。

彼女が建築士としての視点も入れながら、書きためてきた英国住宅の物語を、もっと多くの人に見てほしい。そんな思いが膨らみ、編集者の村松恭子さんに相談をさせていただいたところ、話はとんとん拍子に進み、私がまとめ役になり本書の執筆がスタートしました。輸入住宅に住み、英国の家にも想いが深いCha Tea 紅茶教室のスタッフ鈴木たまえの協力も得、三人での共同作業。それぞれの思い入れもあり、もっと紹介したいこと、まとめたかったこと……ページに限りがあることがもどかしい執筆でしたが、佳世子さんが愛している英国の「一般の住宅」について、そのさわりを知っていただくきっかけになれば良いなと思います。

Cha Tea 紅茶教室代表　立川碧

参考文献

R.W. ブランスキル『イングランドの民家』片野博訳　井上書院　1985. 11

片木篤『イギリスの郊外住宅——中流階級のユートピア』住まいの図書館出版局　1987. 12

荻田武、リム・ボン『公営住宅・居住者運動の歴史と展望』法律文化社　1989. 10

イアン・カフーン『イギリス集合住宅20世紀』服部岑生・鈴木雅之訳　鹿島出版会　2000. 10

『イギリスの住宅デザインとハウスプラン』特定非営利活動法人住宅生産性研究会　2002. 2

後藤久『西洋住宅史——石の文化と木の文化』彰国社　2005. 9

秋山岳志『イギリス式極楽水上生活——ナローボートで楽しむ爽快クルーズ・ライフ』光人社　2006. 8

小尾光一『英国住宅に魅せられて——コッツウォルズからはじまった英国の住まいへの想い』RSVPバトラーズ　2015. 6

トレヴァー・ヨーク『イングランドのお屋敷——カントリーハウス』村上リコ訳　マール社　2015. 10

川井俊弘『イギリスの住まいとガーデン——暮らしを楽しむエッセンス』TOTO出版　2003. 12

久守和子、中川僚子『〈インテリア〉で読むイギリス小説——室内空間の変容』ミネルヴァ書房　2003. 6

吉村典子、川端有子、村上リコ『ヴィクトリア時代の室内装飾——女性たちのユートピア』LIXIL出版　2013. 8

小野まり『図説　英国インテリアの歴史——魅惑のヴィクトリアン・ハウス』河出書房新社　2013. 11

Cha Tea 紅茶教室『図説　ヴィクトリア朝の暮らし——ビートン夫人に学ぶ英国流ライフスタイル』河出書房新社　2015. 5

マーガレット・ポーター、アレクザンダー・ポーター『絵でみるイギリス人の住まい1——ハウス』宮内悊訳　相模書房　1984. 2

マーガレット・ポーター、アレクザンダー・ポーター『絵でみるイギリス人の住まい2——インテリア』宮内悊訳　相模書房　1985. 12

堀江珠喜、二重作曄『Royal Doulton——英国の名窯』京都書院　1997. 11

サッカリー『虚栄の市（1）』中島賢二訳　岩波文庫　2003. 9

ハーディ『ハーディ短篇集』井出弘之訳　岩波文庫　2000. 2

ギャスケル『女だけの町——クランフォード』小池滋訳　岩波文庫　1986. 8

E.M. フォースター『ハワーズ・エンド』吉田健一訳　河出書房新社　2008. 5

バーネット『リトルプリンセス——小公女セアラ』秋川久美子訳　西村書店　2008. 12

ジェイン・オースティン『ノーサンガー・アビー』中野康司訳　筑摩書房　2009. 9

M.C. ビートン『アガサ・レーズンの完璧な裏庭』羽田詩津子訳　原書房　2013. 7

Matthew Rice Little. *VILLAGE BUILDIGS OF BRITAIN*. Brown and Company (UK), 1991

Edward Hubbard and Michael Shippobottom. *A GUIDE TO PORT SUNLIGHT VILLAGE*. Liverpool University Press, 1988

Robin Guild. *The VICTORIAN HOUSE BOOK*. Sidgwick & Jackson Ltd., 1989

Stan Yorke. *ENGLISH CANALS EXPLAINED*. Country Side Books, 2003

Trevor Yorke. *GEORGIAN & REGENCY HOUSES EXPLAINED*. Country Side Books, 2007

Trevor Yorke. *BRITISH ARCHITECTURAL STYLES*. Country Side Books, 2008

Trevor Yorke. *TUDOR HOUSES EXPLAINED*. Country Side Books, 2009

Trevor Yorke. *1940s & 1950s HOUSE EXPLAINED*. Country Side Books, 2010

Trevor Yorke. *ARTS & CRAFTS HOUSE STYLES*. Country Side Books, 2011

Trevor Yorke. *VICTORIAN GOTHIC HOUSES STYLES*. Country Side Books, 2012

Linda Osband. *VICTORIAN HOUSE STYLE Handbook*. David & Charles Publishers, 2007. 8

Trevor Yorke. *BRITISH INTERIOR HOUSE STYLES*. Country Side Books, 2012

Trevor Yorke. *EDWARDIAN HOUSE*. Country Side Books, 2013

Hilary Hockman. *EDWARDIAN HOUSE STYLE Handbook*. David & Charles Publishers, 2007. 11

●著者略歴

山田佳世子（やまだ・かよこ）

甲南女子大学文学部英米文学科卒業後、在宅高齢者や障害者向けの在宅リフォーム会社に勤務。輸入住宅に従事する工務店で設計プランナーとして経験を積み二級建築士を取得。学生時代短期留学していた英国の家に興味を持ち、渡英を続ける。現在はフリーの住宅設計プランナーとして活動中。著書に『日本でもできる！　英国の間取り』（エクスナレッジ）がある。

Twitter　@oW1zI37lZVnkK2m

Instagram　@kayoko.y0909

Cha Tea 紅茶教室（チャ　ティー　こうちゃきょうしつ）

二〇〇二年開校。山手線日暮里駅近くの代表講師のヴィクトリアンスタイルの自宅を開放してレッスンを開催している。二〇二一年に紅茶と洋菓子の専門店〈Cha Tea〉をオープン。

著書に『図説　英国紅茶の歴史』『図説　英国ティーカップの歴史――紅茶でよみとくイギリス史』『図説　ヴィクトリア朝の暮らし――ビートン夫人に学ぶ英国流ライフスタイル』『図説　英国　美しい陶磁器の世界――イギリス王室の御用達』（ともに河出書房新社）、監修に『紅茶のすべてがわかる事典』（ナツメ社）など。

紅茶教室ＨＰ　http://tea-school.com/

Twitter　@ChaTea2016

Instagram　@teaschool_chatea

ふくろうの本

増補新装版

図説　英国の住宅

住まいに見るイギリス人のライフスタイル

二〇一八年 二 月二八日初版発行

二〇二一年 五 月二〇日増補新装版初版印刷

二〇二一年 五 月三〇日増補新装版初版発行

著者……………………………山田佳世子

Cha Tea 紅茶教室

装幀・デザイン………………水橋真奈美（ヒロ工房）

発行者…………………………小野寺優

発行……………………………株式会社河出書房新社

〒一五一－〇〇五一

東京都渋谷区千駄ヶ谷二－三二－二

電話　〇三－三四〇四－一二〇一（営業）

〇三－三四〇四－八六一一（編集）

https://www.kawade.co.jp/

印刷……………………………大日本印刷株式会社

製本……………………………加藤製本株式会社

Printed in Japan

ISBN978-4-309-76302-6

落丁本・乱丁本はお取り替えいたします。

本書のコピー、スキャン、デジタル化等の無断複製は著作権法上での例外を除き禁じられています。本書を代行業者等の第三者に依頼してスキャンやデジタル化することは、いかなる場合も著作権法違反となります。